Schweigt seit Tagen:
Sebastian Kurz verursacht
Mega-Stau im McDrive

Die besten Tagespresse-Meldungen
5. Band

DiE**TAGESPRESSE**

Schweigt seit Tagen:
SEBASTIAN KURZ VERURSACHT MEGA-STAU IM MCDRIVE

Die besten Tagespresse-Meldungen

5.
Band

Residenz Verlag

Hinweis

DiETAGESPRESSE ist ein österreichisches Satiremagazin. Ausnahmslos alle Artikel sind frei erfunden. Im Regelfall werden nur Personen, die in der Öffentlichkeit stehen, beim Namen genannt. Alle anderen Namen sind frei erfunden. Eventuelle Namensgleichheiten mit Privatpersonen sind rein zufällig.

Bibliografische Information der Deutschen Nationalbibliothek
Die Deutsche Nationalbibliothek verzeichnet diese Publikation in der Deutschen Nationalbibliografie; detaillierte bibliografische Daten sind im Internet über http://dnb.dnb.de abrufbar.

www.residenzverlag.at

© 2018 Residenz Verlag GmbH
Salzburg – Wien

Umschlaggestaltung und grafische Gestaltung/Satz: BoutiqueBrutal.com
Umschlagbilder: Depositphotos, Montage; Franz Gruber/Kurier, Montage
Tagespresse, Montage
Schrift: Utopia
Lektorat: Stephan Gruber, feintext.eu
Gesamtherstellung: Grasl FairPrint, 2540 Bad Vöslau, www.grasl.eu

ISBN 978 3 7017 3 474 0

Geschätzte Leserin, geschätzter Leser, geschätzter Herbert Kickl!

Die Redaktion der **TAGESPRESSE** ist bestürzt, mit ansehen zu müssen, was selbsternannte Qualitätsmedien wie *Falter* oder *Standard* dem österreichischen Volk tagtäglich zumuten. Es ist wie ein Unfall mit 142 km/h und 1,8 Promille in einer Rechtskurve, bei dem man leider nicht wegschauen kann.

Anders als die linksradikalen Schmierfinke, Schreibtischtäter und Volksschädlinge konzentrieren wir uns bei der **TAGESPRESSE** auf objektiven, freundlichen Journalismus. Illegale Klenk-Methoden wie Recherche (französisch für „Dinge erfinden", „sich Sachen ausdenken") haben in unserer Redaktion keinen Platz.

Wir wollen mit Ihnen gemeinsam auf ein Jahr voller Erfolge zurückblicken: Die Regierung schaut endlich wieder auf uns (aktuell per Bundestrojaner Version 2.4). Sie warnt davor, dass Flüchtlinge durch die Abschaffung der Zeitumstellung bald eine Stunde früher in Europa sein könnten. Infrastrukturminister Norbert Hofer sorgt mit visionärer Verkehrspolitik wie dem L7-Führerschein oder Rechtsabbiegen bei Tempo 140 für parteiübergreifenden Applaus. Und die Post muss aus Datenschutzgründen endlich Namen und Adressen auf Briefen schwärzen.

In der Buchmitte (auf Seite 102) finden Sie als Zeichen unseres Respekts einen Herbert-Kickl-Starschnitt in Originalgröße.

Mit unterwürfigen Grüßen
Die Redaktion

„Besserer Anschluss an Deutschland": Hofer will Tempo 140 zumindest auf Westautobahn

Foto: Jürg Christiandl / picturedesk.at

Im Streit um eine Erhöhung des Tempolimits auf Autobahnen zeichnet sich nun ein Kompromiss ab: Tempo 140 soll in einem ersten Schritt zumindest auf der Westautobahn eingeführt werden. Verkehrsminister Norbert Hofer will damit einen schnelleren Anschluss Österreichs an Deutschland gewährleisten.

„Ich mag Autobahnen so gern. In der Tradition großer österreichischer Politiker möchte auch ich die Autobahn in das Zentrum meiner Verkehrspolitik stellen", begründet Hofer die Maßnahme.

Unter dem Motto „Freie Fahrt für ein freies Volk" soll deshalb in Kürze ein Reformkonzept für die heimischen Straßen vorgestellt werden. Über den verbesserten Anschluss soll in einer Volksabstimmung entschieden werden.

Sollte der Testlauf erfolgreich sein, will Hofer Tempo 140 auch auf andere Autobahnen ausweiten. So sollen schrittweise auch weitere Gebiete besser angeschlossen werden, wie zum Beispiel das Sudetenland, Schlesien oder Polen.

„Mein geliebtes Heimatland wird durch diese Verkehrsoffensive profitieren", meint Hofer. Doch nicht nur Deutschland, sondern auch Österreich erhält eine verbesserte Infrastruktur. Koalitionsintern muss noch diskutiert werden, ob Hofers Vorschlag für eine zwanzigspurige Autobahn durch das Tiroler Kaunertal realisiert werden kann.

Sensation: Archäologen entdecken vollständig erhaltene Pyramide in Vösendorf

Foto: Karl Gruber (CC-BY-SA 4.0), Wikipedia

Es ist die größte archäologische Entdeckung des 21. Jahrhunderts: Forscher sind in Vösendorf in Niederösterreich auf eine vollständig erhaltene Pyramide gestoßen. Das Bauwerk soll jetzt auf die Liste der Weltwunder kommen.

„Wir haben es hier mit einem Bauwerk der niederösterreichischen Hochkultur aus der Zeit Erwin Prölls zu tun", sagt die Wiener Archäologin Sabine Stöger, während sie vor der majestätischen, 40 Meter hohen Mehrzweckhalle steht.

„Dieser Fund stellt alles, was wir über diese urzeitliche Epoche zu wissen glaubten, infrage." Bisher ging die Wissenschaft davon aus, dass Erwin Pröll ausschließlich Kreisverkehre errichten ließ, um sich ein Denkmal zu setzen.

Riskante Expedition

Ein Expeditionsteam wagte sich bereits ins Innere der Pyramide. Zwar konnten noch keine Mumien von Pharaonen gefunden werden, dafür aber zahlreiche Alkoholleichen vom Clubbing am Vorabend. „Offenbar wird die Pyramide von der örtlichen Bevölkerung als eine Art Grabstätte verwendet", so Forscherin Stöger.

Bei den Alkleichen fand Stöger Grabbeigaben wie ungebrauchte Kondome und Ecstasy-Pillen – „zur Verwendung im Jenseits", wie sie vermutet.

Rätsel um Identität

Im Labor wird derzeit mithilfe von DNA-Analysen und computertomografischen Tests festgestellt, welche der aufgefundenen, durch Jägermeister konservierten Jugendlichen mögliche Nachfahren des großen Herrschers Erwin Pröll sind.

Hat seit Jahren nicht gearbeitet: Dieser Tiroler (47) könnte Notstandshilfe verlieren

Foto: Parlamentsdirektion / Thomas Topf

Die türkis-blaue Regierung will die Notstandshilfe abschaffen. Besonders hart trifft dies Menschen wie den Tiroler Robert L., die seit mehr als einem Jahrzehnt nicht mehr gearbeitet haben. Macht Sebastian Kurz Ernst, könnten Menschen wie er schon bald die finanzielle Unterstützung durch den Staat verlieren.

Wann er zuletzt gearbeitet hat, daran kann sich Robert L. heute schon fast nicht mehr erinnern. „Es muss vor der Jahrtausendwende gewesen sein. Ich war damals als Architekt angestellt bei einem Pyramidenspiel. Danach bin ich dann leider in die Politik abgerutscht."

Trister Alltag

Der Alltag des 47-jährigen Tirolers ist trist. Gelangweilt dreht sich L. täglich stundenlang im Parlament am Stuhl von links nach rechts. Traurig tropft ihm das Haargel auf die Nackerte in der *Kronen Zeitung*, die er seit mehr als einer Stunde anstarrt.

Viel hat er heute nicht mehr vor: „Ein bisschen auf der Tankstelle im Raucherbereich sitzen, auf die Abendausgabe der *Kronen Zeitung* warten, Seite fünf aufschlagen … Ein Hamsterrad ist eine Achterbahn – verglichen mit meinem Leben", seufzt der Tiroler.

Kaum Jobaussichten

Die Zukunft von Robert L. sieht laut einem AMS-Experten alles andere als rosig aus: „Heutzutage sind Fachkräfte gefragt. Ich hab' mir den Lebenslauf von Herrn L. angesehen. Als einzige Fremdsprache beherrscht er Jägerlatein. Und mit Computerkenntnissen in Form von ‚Super Nintendo' kommst du heute beim Bewerbungsgespräch auch nicht mehr weit."

Robert L. jedenfalls will nur eines: „Endlich wieder arbeiten! Einen richtigen Job haben! In den letzten Jahren habe ich mich ab und zu als Pfuscher für verschiedene Parteien betätigt, aber das kann doch bitte nicht alles sein!"

POLITIK   15. Jänner 2018

Rückkehr: Peter Pilz nimmt Arbeit als sexueller Belästiger wieder auf

Foto: Franz Gruber / Kurier / picturedesk.com

Peter Pilz kehrt zurück. Er will sich nicht länger einschüchtern lassen und nimmt seine Arbeit als sexueller Belästiger wieder auf.

„Unser Peter Pilz ist zurück! Es kann nicht sein, dass man als Mann seinen Job und seinen Ruf verliert, nur weil man Frauen sexuell belästigt", sagt Klubobmann Peter Kolba auf einer Pressekonferenz. Mehrere Journalisten applaudieren minutenlang.

„Wiedergutmachung"

Wer für Pilz den Platz im Nationalrat räumen muss, ist noch unklar. Sicher ist nur, dass Pilz das Mandat einer Parlamentarierin übernehmen wird. „Wir sehen das in der Liste Pilz als kleine Wiedergutmachung für alles, was die Frauen Peter Pilz angetan haben", sagt der Abgeordnete Alfred Noll. „Wir werden da sehr viel radikaler werden gegenüber Frauen."

Hoffnungsträger

Pilz selbst ist vom Rückhalt in seiner Partei und Tausenden Männern in ganz Österreich gerührt. Im **TAGESPRESSE**-Telefoninterview wirkt er euphorisch: „Ich, Peter Pilz, will damit zeigen, dass man alles schaffen kann, was man will, wenn man ein privilegierter Mann ist. Die Arbeit von mir, Peter Pilz, als sexueller Belästiger ist in Zeiten wie diesen so wichtig wie noch nie." Pilz sendet damit ein wichtiges Signal an alle verunsicherten Männer.

Antwort auf Hetze gegen Reiche: Kurz nimmt Steuerflüchtling bei sich zu Hause auf

Foto: Tagespresse, Montage

Nachdem Bundeskanzler Sebastian Kurz gestern vor Hetze gegen Reiche gewarnt hat, lässt er seinen Worten nun Taten folgen: Kurz nimmt einen verfolgten Steuerflüchtling bei sich zu Hause auf. Als einziges Medium durfte DiE**TAGESPRESSE** beim Einzug dabei sein.

„Er ist leider immer noch schwer traumatisiert", berichtet Kurz. Seit heute Vormittag wohnt der Kanzler in einer Wohngemeinschaft mit Magnus Theodor Baron von und zu Thurnsohn (45), der aus Angst vor Verfolgung durch die Finanz aus seiner Heimat Salzburg nach Wien-Meidling geflohen ist. Der Investmentbanker spricht wenig und wirkt gebrochen.

Beklemmende Flucht

Die massive Verfolgung hat bei von und zu Thurnsohn tiefe seelische Wunden verursacht. Erst nach einer Stunde beginnt er mit brüchiger Stimme von der Flucht zu erzählen: „Ich hab' nur mehr das

Notwendigste einpacken können – vier Maßanzüge, Krokodilleder-schuhe und 12 Millionen Franken in Optionsscheinen."

Sein Jagdschloss, das er sich mit seinen eigenen Händen hart er-erbt hat, musste er an seine Schwiegermutter notverpachten.

Weitere Initiative geplant

„Schluss mit der neidgetriebenen Hexenjagd auf diese verfolgte Min-derheit", erklärt Kurz, der bereits weitere Initiativen plant. Ab sofort sammelt er gemeinsam mit dem ORF im Rahmen der Aktion „Pent-house-Nachbar in Not" Spenden für verfolgte Millionäre, die sich ihre Kapitalertragssteuer nicht mehr leisten können.

Mit dem Erlös soll eine Therapie ermöglicht werden, bei der trau-matisierte Reiche gemeinsam mit Delfinen schwimmen gehen und sie danach, von einem Haubenkoch als Experimental-Sushi zuberei-tet, verspeisen.

30-cm-Hürde nicht geschafft: ÖSV-Skispringer scheitern bei Ausstieg aus Gondel

Foto: Depositphotos / jeffwqc

Die Formkrise der österreichischen Skispringer erreicht ihren traurigen Höhepunkt: Alle OSV-Springer sind heute beim Ausstieg aus einer Gondel gescheitert. Der Vorfall wirft neue Fragen zur aktuellen Form des Teams auf.

„Ich kann es mir selbst nicht erklären. Vielleicht waren es die Windverhältnisse", schüttelt Michael Hayböck den Kopf. Heute Morgen ist Hayböck genauso wie all seine Teamkollegen beim Sprung von der Gondel auf die Plattform gescheitert. Hayböck selbst kam nur auf eine Weite von 19 Zentimetern. Zur Stunde befinden sich die Springer noch in den Gondeln und fahren zwischen Berg und Tal auf und ab. Die Bergrettung wurde alarmiert.

Kopfsache
ÖSV-Cheftrainer Heinz Kuttin macht mentale Schwäche für das Formtief verantwortlich: „Skispringer sind sensibel. Die Burschen hadern mit sich selbst. Wenn der 70-jährige russische Tourist neben dir locker aus der Gondel springt, bei dir aber die Oberschenkel versagen, dann zweifelst an allem – an deinem Körper, deinem Material, der Sinnhaftigkeit menschlicher Existenz ..."

Größte Krise seit 90er-Jahren
Für den ÖSV ist das aktuelle Formtief die größte Krise seit dem Jahr 1997. Damals wurde das gesamte Team von einer Windböe erfasst und für immer verweht. Aufgrund ihrer Leichtigkeit hat es die Springer damals mehrere Tausend Kilometer davongetragen. Teile des Materials wurden im Pazifik angeschwemmt.

Verstärkung gefunden
Der ÖSV setzt nun auf neue Talente und hat bereits eine neue Nachwuchshoffnung verpflichtet. „Wir haben jetzt jemanden, der ist noch überall in hohem Bogen weit hinausgeflogen", zeigt sich Cheftrainer Heinz Kuttin zuversichtlich. „Ab sofort wird das Skisprungteam durch Peter Westenthaler verstärkt."

Wegen Lawinengefahr: Deutsches Touristenpaar verschiebt Flip-Flop-Wanderung auf morgen

Foto: Veit Müller/Wikipedia, CC-by-SA 2.5, Montage

Eigentlich wollte das deutsche Touristenpaar Müllner aus Kiel heute gemütlich mit Flip-Flops den Gipfel des Großvenedigers erklimmen. Aufgrund der hohen Lawinengefahr wurde die Wanderung auf den 3657 Meter hoch gelegenen Gletscher allerdings auf morgen verschoben.

„Wir wollen nicht, dass unser Traumurlaub im totalen Schlamassel endet, weil Horst seine neue Kamera in einem Lawinenabgang verliert", erklärt Ehefrau Caroline der **TAGESPRESSE**. Aufgrund von Medienberichten entschieden sie sich daher, vorerst lieber nichts zu riskieren.

Wanderung für morgen geplant

Die Flip-Flop-Wanderung soll nun morgen stattfinden. „Wir sind tipitopi ausgerüstet", verrät der pensionierte Büroklammern-Vertreter Horst. „Ich hab' mir extra schon die dicken Tennissocken rausgelegt, und meine Frau nimmt die Yogamatte mit, falls wir am Berg wo übernachten müssen."

Erfahrene Bergleute

Die Müllners fahren schon seit Jahren gerne nach Österreich: „Wir genießen es immer wieder, hier in Tirol auf den Berg zu gehen, um dann vom Hubschrauber der Bergrettung aus den tollen Sonnenuntergang zu genießen."

Der örtliche Bergretter ist inzwischen sogar der Taufpate von Müllners Enkelkindern, und die Familie bekam vom Bürgermeister zur Erinnerung an die zehnte Rettung inzwischen den „Goldenen Vollhorst" überreicht.

Bergrettung warnt

Die österreichische Bergrettung warnt aktuell generell vor Ausflügen ins Gebirge: „Wir haben Alarmstufe Rot. Erst heute früh ist ein schwer übergewichtiger Amerikaner alleine aufgestiegen. Vom Helikopter aus haben wir gesehen, wie er dann ausgerutscht ist und dabei drei Lawinen unter sich verschüttet hat."

„Bin kein Nazi": Udo Landbauer verteidigt sich mit öffentlicher Liederbücherverbrennung

Foto: Tagespresse, Montage

Überraschende Wende im Skandal um die Germania-Liederbücher mit Texten, welche NS-Verbrechen verherrlichen: Dem niederösterreichischen FPÖ-Spitzenkandidaten Udo Landbauer gelingt ein Befreiungsschlag. Er überzeugt die Öffentlichkeit mit einer Liederbücherverbrennung davon, dass ihm nationalsozialistische Ideen völlig fremd sind.

Mit Tunnelblick schaut Landbauer in die meterhohen Flammen und wirft ein Buch nach dem anderen hinein. Zahlreiche Burschenschafter und ihre Familien helfen ihm. Um eine unabhängige, kritische Berichterstattung über die Liederbücherverbrennung zu garantieren, sind Journalisten von *Kronen Zeitung*, *NÖN* und *ORF* Niederösterreich vor Ort.

Kleines Hoppala
„Hoppala"!, ruft Landbauer und zeigt ins Feuer. „Da ist leider zufälligerweise auch ein bisserl marxistische und jüdische Literatur ins

Feuer gefallen – aber wo gehobelt wird, fallen Späne." Alle Journalisten lachen. „Na ja, also das kann ja wirklich jedem passieren", sagt ein NÖN-Journalist und klopft Landbauer auf die Schulter.

„Kein Nazi"
Um die Umwelt nicht unnötig zu belasten, hat die Burschenschaft Germania alle Seiten aus allen Liederbüchern herausgerissen. Landbauer wirft ein leeres Buch ins Feuer. „Egal, was meine Gegner behaupten, ich war und bin kein Nazi, und das werde ich bis zur Vergasung klarstellen."

FM4 droht Ende: Mit diesem Programm will der Sender die Regierung umstimmen

Foto: Tagespresse, Montage

Laut einem Bericht der Wochenzeitung *Falter* wird das Aus des Radiosenders FM4 angedacht – wegen „Nichterfüllens des Bildungsauftrags", wie es heißt. Doch der Sender gibt sich noch nicht geschlagen. Mit drastischen Programmänderungen will die Belegschaft einen Schritt auf Sebastian Kurz und Heinz-Christian Strache zugehen. DiE**TAGESPRESSE** präsentiert Auszüge.

Täglich ab 05:45 Uhr – FM4 Morgenschau

09:00 Uhr – FM4 Tugendzimmer
Täglich live. Ein FM4-Redakteur besucht gesellschaftliche Parasiten wie Kiffer, Schulschwänzer, Sozialdemokraten oder Frauen und bringt ihnen bürgerliche Manieren bei.

10:00 Uhr – FM4 Wachzimmerservice
Innenminister Kickl erfüllt die Musikwünsche seiner Polizeibeamten.

16:00 Uhr – Top FM4
mit Hannes Duscher, Roli Gratzer und EU-Bauer Manfred Tisal
Die FM4-Comedians Duscher & Gratzer singen gemeinsam mit dem Kärntner EU-Bauern die schönsten Songs aus dem Liederbuch der Burschenschaft Germania.

18:00 Uhr – Der FM4 Protest-Protest-Songcontest
Zornige WU-Studenten präsentieren selbst komponierte Lieder gegen die Unterschicht. Da bleibt kein Lacoste-Shirt trocken!

22:00 Uhr – La Bumsti de Luxe
Live aus der Wiener Passage präsentiert HC Strache elektronische Rhythmen vom Feinsten und aufputschenden Ibiza House all night long! Der härteste Rechtsspin an den Turntables!

23:00 Uhr – Hohes House of Pain
Paul Kraker und Christian Fuchs tauchen ein in die dunklen Abgründe des Parlaments und präsentieren tiefschwarze, düstere Texte aus dem Regierungsprogramm.

Unschöne Szenen bei Wiener Derby: Randale von Fußballspiel unterbrochen

Foto: JAPA/EXPA/THOMAS HAUMER

Zu äußerst unschönen Szenen kam es beim gestrigen Wiener Derby zwischen Rapid und Austria: Die traditionellen Fan-Ausschreitungen wurden mehrmals von einem über 90-minütigen Fußballspiel unterbrochen. Die Randale standen deswegen sogar kurz vor dem Abbruch.

„Ich geniere mich für alle, die an einem Sonntag ins Stadion gehen und sich verhalten wie zivilisierte Menschen", sagt Rapid-Präsident Michael Krammer vor Journalisten. „Das hat mit einem Derby nichts zu tun." Die etwa zwanzig Fußballspieler sollen jetzt durch Videoaufnahmen identifiziert werden. Sie müssen mit lebenslänglichen Stadionverboten rechnen.

„Es ist eine Frechheit", zeigt sich auch Familienvater Hannes (38) erzürnt über die Vorkommnisse. „Ich war mit meinem Sohn im Stadion, um ein paar Gegenstände auf den Platz zu werfen. Stattdessen hat mein Kleiner dabei zusehen müssen, wie Holzhauser einen Freistoß schießt, wie Rapid einen Konter versucht. Es war grauenhaft!"

Auch das Verhalten der Mannschaft sorgte für Entsetzen: Einige Rapid-Spieler entrollten Transparente mit Parolen wie etwa „Balltechnik ist kein Verbrechen". Doch auch der ORF steht im Schussfeld der Kritik, da der Sender immer wieder Bilder des Fußballspiels zeigte, anstatt sich auf die Randale zu konzentrieren.

Für die Zukunft kündigt die Bundesliga verschärfte Sicherheitsvorschriften an. Schiedsrichter sollen vor Eintritt ins Stadion auf Pfeifen durchsucht werden. Außerdem werden Security-Mitarbeiter alle Fans einzeln abtasten und ihnen dabei heimlich Gegenstände in die Taschen stecken.

7. Februar 2018

GIS-Streit: ORF muss Norbert Hofer in jede Folge von „Malcolm mittendrin" hineinschneiden

Foto: Tagespresse, Montage

Letzte Chance für den ORF! Auf Wunsch der FPÖ muss der öffentlich-rechtliche Sender Verkehrsminister Norbert Hofer ab sofort öfter zeigen. Ansonsten droht die Abschaffung der GIS-Gebühren. Hofer ersetzt daher den Familienvater Hal in der Serie „Malcolm mittendrin".

„Mit diesem Kompromiss kann ich sehr, sehr gut leben", sagt Hofer bei der Präsentation des neuen ORF-Programms. Er ist ab sofort siebenmal täglich in der Serie „Malcolm mittendrin" zu sehen. Für den besonderen Touch wird der Name „Hal" in der überarbeiteten Version „Heil" ausgesprochen.

Hund Jessy mit dabei

„Ganz besonders freue ich mich auf die Folgen, in denen Deweys Hamster auftaucht. Der wird nämlich ersetzt durch meinen lieben, lieben Hund Jessy", sagt Hofer. Außerdem wird die Handlung stark verändert, um Themen Raum zu geben, die volksnäher sind.

So dürfen sich Zuseher auf eine Folge freuen, in der Hal herausfindet, dass sein Sohn Malcolm neben einem IQ von 165 auch arische Wurzeln hat. In einer anderen Folge bringt Hal seinem Sohn Dewey bei, dass er alles schaffen kann. Dieser wird dann Bundeskanzler von Österreich.

Schock-Fund: FPÖ-Historiker-kommission entdeckt FPÖ-Wikipedia-Artikel

Foto: Screenshot

Die Suche der FPÖ-Historikerkommission nach braunen Flecken in der Partei beginnt gleich mit einem schweren Schock: Der Vorsitzende, Ex-FPÖ-Politiker Wilhelm Brauneder, entdeckte nach mehrsekündiger Recherche einen Wikipedia-Artikel über die FPÖ. Dieser beinhaltet einige schwere Vorwürfe, die jetzt von der Kommission geprüft werden sollen.

„Mit diesem Fund konnte keiner rechnen", sagt Brauneder auf einer schnell einberufenen Pressekonferenz. „Wir haben wirklich nicht gedacht, dass eine Partei, die von ehemaligen hochrangigen SS-Angehörigen gegründet wurde, irgendwelche Berührungspunkte mit rechtsextremem Gedankengut haben könnte."

Der Kommissionsleiter warnt jedoch vor voreiligen Schlüssen: „Wir wollen ja nicht gleich die Nazikeule auspacken, nur weil eine Partei von Nazis gegründet und lange Zeit geführt wurde."

Um die Geschichte der Freiheitlichen Partei aufzuarbeiten, will die Kommission nun den gesamten Wikipedia-Artikel umschreiben.

„Nur so können wir da einen sauberen Schlussstrich ziehen", sagt *Zur Zeit*-Herausgeber Andreas Mölzer.

Die Kommission will als Nächstes überprüfen, ob die sogenannte Liederbuch-Affäre, das „88"-Wunschkennzeichen eines FPÖ-Lokal-politikers oder der Hitlergruß des für den Bundesrat nominierten Andreas Bors eventuell auch auf eine problematische Gesinnung einzelner Parteifunktionäre hindeuten könnte. „Ich kann weitere Überraschungen nicht ganz ausschließen", so Brauneder.

Kanzler überrascht

Bundeskanzler Sebastian Kurz zeigt sich über den Fund schockiert: „Ich fühle mich hinters Licht geführt. Hätte es auch nur den kleinsten Hinweis darauf gegeben, dass die FPÖ irgendwie rechts sein könnte, wäre ich nie eine Koalition mit ihr eingegangen, um Jörg Haiders Vision einer ordentlichen Beschäftigungspolitik umzusetzen."

POLITIK   16. Februar 2018

Das erwartet Sie in der neuen Ausgabe von „Herby", dem Magazin für Pferde-liebhaber

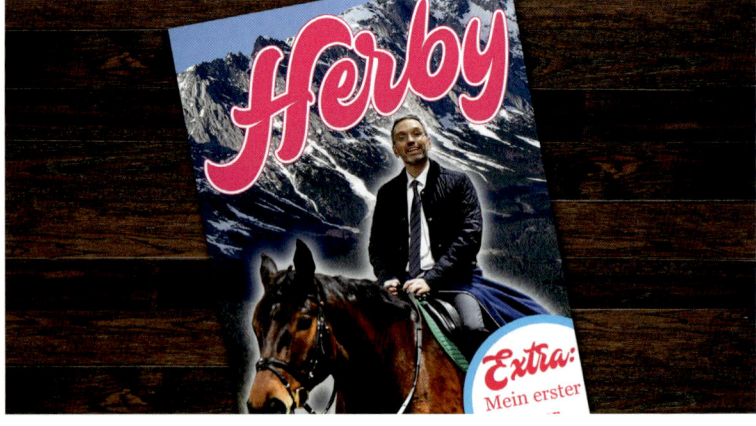

Foto: BARBARA GINDL / APA / pictureresk.com, Montage

Es ist wieder so weit! Das erwartet Sie im neuen *Herby*, dem offiziellen Magazin des Innenministeriums speziell für Pferdeliebhaber und solche, die es noch werden wollen.

Foto: Tagespresse, Montage

Seite 7
Hilfe, ist mein Pony linksradikal? *Herby* kennt die Warnzeichen

Seite 10
Tipps für den Reitstall: So konzentrieren Sie Ihre Pferde richtig

Seite 11
Style-Extra: „Dressur mit Mensur"

Seite 13
Promi-Interview mit dem Pferd von Kurt Waldheim: „So crazy war meine Zeit bei der SA"

Seite 16
Demonstrant besorgt: „Ich glaub', mich tritt ein Pferd!"

Seite 18
Der große Ketamin-Test: So betäuben Sie Ihr Pferd am besten! 100 % K-Hole-Garantie!

Seite 20
Lebensgroßer Kickl-Starschnitt (1,15 m hoch!)

Seite 24
Herby verspricht Hightech-Ausrüstung für Pferdepolizei:

Foto: Tagespresse, Montage

Klebstoff löst sich: Server für Volks-begehren öffnen sich von selbst

Foto: Tagespresse, Montage

Schon wieder macht das österreichische Innenministerium mit einer Panne von sich reden: Immer mehr Server öffnen sich von selbst, da sich der verwendete Klebstoff auflöst. Hunderttausende Unterschriften für das Frauen- und das Nichtraucher-Volksbegehren sind nun laut Innenminister Herbert Kickl (FPÖ) „leider ungültig".

„Wir bedauern die Panne", erklärt ein Mitarbeiter aus dem Innenministerium und zeigt auf einen Server, der sich langsam in all seine Einzelteile aufgelöst hat. „Dabei hat die FPÖ-Regierung gerade erst neue Computer gekauft. Strache hat bei seinem Serbien-Besuch ja kostengünstig auf einem Flohmarkt am Belgrader Bahnhof zugeschlagen."

Die Server werden derzeit von IT-Experten des Innenministeriums mit deutschem Kleber repariert. „Dann passt hoffentlich alles", zeigt sich Kickl optimistisch.

Die Opposition schäumt: „Das ist nur ein Manöver der Regierung, um das Frauenvolksbegehren zu verhindern", zeigt sich SPÖ-Chef Christian Kern in einem Facebook-Livestream erbost. „Wir hätten diese Forderungen schon lange umgesetzt, wären wir in den letzten zehn Jahren auch nur einen einzigen Tag lang an der Macht gewesen!"

FPÖ gegen Rauchverbot
Sportminister Heinz-Christian Strache warnt unterdessen vor einem Rauchverbot in der Gastronomie: „Damit wären wir auf einer Stufe mit rückständigen Nationen wie Dänemark, Frankreich oder Schweden. Unserem Österreich drohen westeuropäische Zustände!"

Die FPÖ startet für die Unterstützung der Raucher noch diese Woche das Volksbegehren „Gratis Lungenkrebs für alle" sowie auch das „Frauenvolksbegehren für Männer".

Regierung einigt sich auf Nichtraucherverbot in Lokalen

Foto: Depositphotos, Montage

Die monatelangen Streitereien um eine Raucherregelung in Lokalen haben ein gütliches Ende gefunden: Die österreichische Regierung einigte sich auf ein bundesweites Nichtraucherverbot in Gastronomiebetricbcn ab dem 1. Mai 2018. Damit müssen Nichtraucher künftig die Lokalität verlassen, wenn sie nicht rauchen wollen.

„Diese Lösung ist ein fairer Kompromiss", freut sich Sportminister Heinz-Christian Strache. „Es ist doch wohl nicht zu viel verlangt, dass Nichtraucher für drei Minuten vor die Tür gehen, wenn sie schnell mal keine Zigarette rauchen wollen." So werden Raucher vor den Risiken des Passiv-Nichtrauchens geschützt.

FPÖ-Gesundheitssprecherin Dagmar Belakowitsch streitet Gesundheitsrisiken durch die Regelung ab: „In meiner Familie haben auch alle jahrzehntelang geraucht. Und meinen beiden Verwandten, die noch leben, geht es heute hervorragend."

Schwangere Kellnerinnen sollen ab sofort zu ihrem eigenen Schutz nur noch außerhalb des Lokals arbeiten und Getränke und Speisen durch die Fenster servieren. „Wer damit ein Problem hat, soll sich halt einen neuen Job suchen", so Kanzler Sebastian Kurz, der sich zum ersten Mal seit Wochen in der Öffentlichkeit zeigt. Kurz wurde drei Wochen lang in einer Schweizer Privatklinik behandelt, nachdem er sich durch die häufigen Meetings mit Strache einen Passiv-Lungenkrebs eingefangen hatte.

Bundestrojaner kommt: So überwacht uns die Regierung

Foto: Tagespresse, Montage

Die österreichische Regierung hat gestern den sogenannten Bundestrojaner beschlossen. Das Paket bringt mehr Überwachung durch den Staat. Wir haben die neuen Maßnahmen genau durchleuchtet.

Wer die Webcam abklebt, muss Aufnahmen von sich beim Masturbieren auf USB-Stick persönlich bei der nächsten Polizeistelle abgeben.

WhatsApp bekommt ein drittes Häkchen. Dieses steht für „Verfassungsschutz hat die Nachricht gelesen".

Foto: Tagespresse. Montage

Dank der Maßnahme konnte bereits ein Drogendeal vereitelt werden, wie dieser Screenshot des Innenministeriums zeigt.

IP-Adressen werden ab sofort gespeichert. Die Regierung erwartet dadurch die Identifizierung von bis zu einem Terroristen, zwei Pädophilen und 400.000 Demonstranten.

Auf Spotify soll ein Algorithmus anhand des Musikgeschmacks Terror-Sympathisanten identifizieren. Wer arabische Gesänge, türkische Volkslieder oder Ed Sheeran hört, gilt als verdächtig. Fans der John Otti Band müssen hingegen keine Konsequenzen befürchten.

Herbert Kickl präsentiert berittene Kickl-Emojis, die sämtliche Chats überwachen werden.

Auf Facebook werden neue Formen der Bürgerbeteiligung getestet, um Schwerverbrecher zur Strecke zu bringen.

Briefe mit verdächtigem weißen Pulver aus Amsterdam werden von Sportminister Strache persönlich beschlagnahmt und eingezogen.

Die Polizei darf auf private Videoüberwachung zugreifen. Vor allem Umkleidekabinen, Schwimmbäder und Damentoiletten gelten laut Innenministerium als besonders gefährdete Zonen, bei denen die Aufnahmen rund um die Uhr beobachtet werden.

Die Überwachungssoftware verfügt über einen Splitscreen-Modus, damit Beamte zeitgleich Solitaire spielen können.

Schweigt seit Tagen: Sebastian Kurz verursacht Mega-Stau im McDrive

Foto: Depositphotos, Montage

Ein kilometerlanger Stau vor einem McDonald's-Restaurant in Wien sorgte heute für Chaos. Der Grund: Bundeskanzler Sebastian Kurz blockiert mit seinem Auto einen McDrive und schweigt schon seit Tagen.

Der alarmierte Notfall-Politologe Peter Filzmaier erklärt das merkwürdige Verhalten von Kurz: „Er will abwarten, was die beste Menü-Option für ihn wäre, und andere Kunden zum Aufgeben zwingen, um den kompletten McDrive für sich zu haben." Den braunen Sumpf in der Fritteuse nehme er dabei gerne in Kauf.

Unter Betroffenen herrscht großer Ärger: „Ich wollte einfach nur am Heimweg ein paar Chicken-Nuggets für meine Familie kaufen, und jetzt stehe ich wegen diesem Psychopathen seit 48 Stunden im Stau – da kriag i soiche Kabeln", sagt Herbert K. völlig entkräftet.

Durch Kälte und Unterernährung sind bereits unzählige Kunden den Strapazen erlegen. Sie werden derzeit aus ihren Autos geborgen. Zeugen zufolge kommentierte Kurz das Verhungern mehrerer Familien lapidar mit seinen ersten Worten seit Tagen: „Wenn sie keine Burger haben, sollen sie doch Apfeltaschen essen."

„Negative Berichterstattung beenden": FPÖ fordert bessere ORF-Wetterberichte

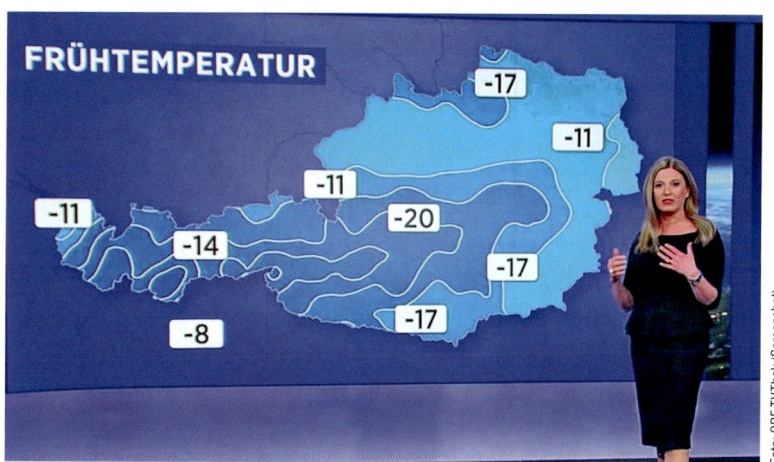

Foto: ORF TVThek (Screenshot)

Es reicht! Nach tagelanger tendenziöser Berichterstattung der ORF-Wetterredaktion über die extreme Kälte platzt der FPÖ der Kragen: Parteichef Heinz-Christian Strache fordert den ORF auf, die „systematische Schlechtmacherei" zu beenden und endlich bessere Wetterberichte zu bringen.

„Seit Tagen berichten diese selbsternannten Meteorologen vom rot-roten Gruselfunk nur noch negativ über unser hiesiges österreichisches Wetter", beschwert sich der FPÖ-Chef und renommierte Wiener Satiriker Strache beim Pressefrühstück im Foyer des Praterdome.

„Minus 10 Grad, minus 15 Grad, minus 20 Grad – die Wetterredaktion will hier offenbar gezielt den Eindruck erzeugen, dass es seit unserer Regierungsverantwortung mit dem Wetter im Land bergab geht." Außerdem sei Verkehrsminister Norbert Hofer noch kein einziges Mal im Wetterbericht erwähnt worden.

Strache spricht von „unsäglicher Nestbeschmutzung" und kündigt eine Beschwerde bei der Medienbehörde an. Um zu zeigen, dass das Wetter in Österreich viel besser sei als vom ORF berichtet, erschien Strache zur Pressekonferenz in Flip-Flops und einem luftigen Leinenhemd. Er wurde anschließend wegen einer schweren Lungenentzündung ins AKH geflogen.

Positiv-Beispiel

Wie es richtig geht, das zeigt der parteieigene Videokanal „FPÖ-TV". Dort wird schon seit Tagen eine Warmfront mit 20 Grad Celsius vorhergesagt. Auch *Unzensuriert.at* prophezeit für heute föhnige Luft von der Adria mit Spitzen um die 25 Grad Celsius. Zahlreiche FPÖ-nahe Gastronomen eröffneten daher bereits die Schanigarten-Saison.

Weitere Kritik an ORF

Auch mit anderen ORF-Redaktionen liegt die FPÖ derzeit im Clinch. „Vor allem die Berichte der Sportredaktion sind schlecht fürs Image von unserem schönen Österreich", zürnt Sportminister Strache vom Spitalbett aus. Er fordert, dass ab sofort bei Fußballspielen des Nationalteams die Inserts angepasst werden und Österreichs Team immer ein Tor mehr als der ausländische Gegner haben muss.

„Er schadet unserem Image": IS kündigt Vertrag mit Lobbyist Gusenbauer

Foto: Franz Gruber/Kurier, Montage

Dem Ex-Kanzler und Lobbyisten Alfred Gusenbauer (SPÖ) laufen die Kunden davon. Nach dem Bekanntwerden neuer Vorwürfe sorgt sich jetzt auch der Islamische Staat um sein Ansehen in der Welt. Terror-chef Abu Bakr al-Baghdadi kündigt daher die Zusammenarbeit mit dem Berater auf.

„Wir wollen nicht mit Personen in Verbindung gebracht werden, die keinerlei ethische Standards besitzen", erklärt al-Baghdadi bei einer Pressekonferenz. „Wir bedanken uns bei al-Fred für die Zusammenarbeit und wünschen ihm für seine berufliche Zukunft alles Gute." Al-Baghdadis Rechtsanwalt Manfred Ainedter kümmert sich um die gesetzeskonforme Auflösung des Vertragsverhältnisses.

Dementi

Gegenüber der **TAGESPRESSE** stellte Gusenbauer klar, dass er nichts mit irgendetwas zu tun habe: „Ich habe nichts mit dem IS, mit Trumps Wahlkampf, mit der Ukraine, mit Österreich, mit der SPÖ, mit Alfred Gusenbauer oder mit dem Es, dem Ich und dem Über-Ich von Alfred Gusenbauer zu tun."

Gusenbauer geht in die Offensive

Nach den schweren Vorwürfen, die Gusenbauer immer wieder mit dubiosen Unternehmungen wie kasachischen Diktaturen, der Novomatic-Gruppe oder der SPÖ in Verbindung bringen, geht der Ex-Kanzler in die Offensive: „Als Sozialdemokrat trete ich für Gleichheit ein. Egal ob für linke Parteien, rechte Parteien, Diktatoren oder Terroristen: Ein echter Sozialdemokrat verrechnet allen den gleichen Stundensatz."

FINANZEN   2. März 2018

Ex-Grünen-Chefin Eva Glawischnig geht zu Novomatic

Foto: APA/HERBERT-PFARRHOFER, picturedesk.com

Wenige Monate nach ihrem Rückzug aus der Politik gab Eva Glawischnig-Piesczek heute ihren nächsten Karriereschritt bekannt: Sie arbeitet ab sofort beim niederösterreichischen Glücksspielkonzern Novomatic. Mit 1. März übernimmt die frühere Politikerin die Verantwortung für die Bereiche „Corporate Responsibility und Sustainability". Glawischnig sieht sich als „Verantwortungsmanagerin".

„Meinen kritischen Geist kann und werde ich nicht aufgeben", sagte Glawischnig am Freitag bei einer Pressekonferenz mit Konzernchef Harald Neumann in der Zentrale in Gumpoldskirchen. An Novomatic fasziniere sie vor allem die Internationalität.

Die Grünen haben sich bisher dem Glücksspiel gegenüber sehr kritisch geäußert und auch die Praktiken von Novomatic teilweise scharf verurteilt. Glawischnig dazu lapidar: „Unerwünschte gesellschaftliche Erscheinungen wie Spielsucht" könne man nicht „wegverbieten".

Rührende Geste: Strache stellt Ehefrau die Backofen-Uhr wieder sechs Minuten nach vorne

Foto Tagespresse, Montage

Sportminister Heinz-Christian Strache hat sich am Weltfrauentag etwas ganz Besonderes einfallen lassen: Weil die Uhrzeit vieler Elektrogeräte wegen einer Unterversorgung des Stromnetzes falsch eingestellt war, stellte er seiner Ehefrau die Backofen-Uhr wieder um sechs Minuten nach vorne.

„Ich wollte meine ‚bessere Hälfte‘, wie man ja scherzhaft zu sagen pflegt, am heutigen Weltfrauentag mit etwas ganz Besonderem überraschen", erklärt Strache der **TAGESPRESSE**, während ihm Partei-Superhirn Herbert Kickl erzählt, wie man die Uhr am Backofen umstellt. „Jetzt kann sie mir wieder pünktlich jeden Tag, wenn ich vom Praterdome heimkomme, die Eiernockerl aufwärmen."

FPÖ entschuldigt sich
Auch FPÖ-Frauensprecher Harald Vilimsky gratuliert zum Weltfrauentag und entschuldigt sich zugleich für die Stromschwankungen, die ihren Ausgang in Serbien genommen hatten – mit seiner Involvierung: „Ich war beim Staatsbesuch in Belgrad ein bisschen schlimm und hab' mich dann zu viel selbst getasert. Entschuldigung, wuff wuff."

Regierung feiert Weltfrauentag
ÖVP-Frauenministerin Juliane Bogner-Strauß verbringt den heutigen Weltfrauentag in ihrem Ministerium. „Ich gratuliere natürlich allen erfolgreichen Hausfrauen und Köchinnen zu Hause", gibt sie bekannt.

In puncto gleicher Bezahlung am Arbeitsplatz sieht Bogner-Strauß bereits große Fortschritte: „Ich selbst verdiene seit heuer 17.512 Euro brutto im Monat, da hat sich also schon einiges getan auf dem Gebiet."

„Krone.at" exklusiv: Afghanischer Windhund (6) scheißt auf österreichischen Gehsteig

Foto: Depositphotos, Montage

Schon wieder wird Österreich von einem schweren Zwischenfall mit einem Afghanen erschüttert: Wie *Krone.at* exklusiv berichtet, hat ein afghanischer Windhund um exakt 8.09 Uhr auf den Gehsteig vor dem Wiener Parlament defäkiert. Ob ein islamistisches Motiv eine Rolle spielen könnte, ist derzeit noch Gegenstand von Ermittlungen.

Der verdächtige Hund wurde direkt nach der Kot-Tat von Polizisten überwältigt und festgenommen. „Es ist nur noch beängstigend, was sich die Afghanen in unserem schönen Land erlauben. Wir haben deshalb auf *Krone.at* ein eigenes Afghanen-Ressort eingerichtet", sagt *Krone.at*-Chefredakteur Richard Schmitt.

Das Ressort „Afghanen" ergänzt damit die bestehenden Ressorts „Danke, Sebastian Kurz", „Cathy Lugner nackt" und „Junge linke Frauen, die Morddrohungen bekommen sollen".

Entsetzen nach Tat

Anrainer sind schockiert: „Mei Deutscher Schäfer, da Pucki, würd nie auf an österreichischen Gehsteig scheißn", erklärt der pen-

sionierte Wiener Beamte Karl T. (39). „So was mochen nur de zug'reisten Rassen aus'm Ausland. Mei Pucki scheißt nur vor türkische Supermärkte und Kebabstandln."

Der afghanische Windhund soll von Innenminister Herbert Kickl noch heute auf einer Pressekonferenz vor laufenden Kameras gemeinsam mit BVT-Chef Peter Gridling eingeschläfert werden. *Krone*-Kolumnist Michael Jeannée kommentiert die Situation wie gewohnt bissig-trocken: „Wer alt genug zum Scheißen ist, ist auch alt genug zum Sterben."

Das Schweigen hat ein Ende: Stephen Hawking vererbt Sprachcomputer an Sebastian Kurz

Foto: Lwp Kommunikáció/Flickr, JVP, Montage

Im Testament des verstorbenen Physikers Stephen Hawking findet sich eine Überraschung: Der britische Forscher vererbt seinen legendären Sprachcomputer ausgerechnet an den österreichischen Bundeskanzler Sebastian Kurz. In einem letzten Akt der Nächstenliebe will der gefeierte Physiker dem Kanzler damit ermöglichen, wieder mit seiner Außenwelt zu kommunizieren.

„Ich weiß, wie es sich anfühlt, wochenlang nicht mit seinen Mitmenschen sprechen zu können", sympathisierte Hawking noch Wochen vor seinem Tod mit Kurz. „Sei es wegen einer lähmenden amyotrophen Lateralsklerose, oder sei es wegen lähmender Angst vor Kritikern, Wählern und Journalisten."

Laut Ärzten gibt es weltweit bisher nur zwei Fälle dieser sehr seltenen Erbkrankheit, die Sebastian Kurz von seinem Ziehvater Wolfgang S. in die Wiege gelegt bekam. Betroffene können zwar wochenlang durchgehend reden, jedoch ohne dabei irgendetwas zu sagen. Hawkings Sprachcomputer soll Kurz dabei helfen, wieder ins Leben zurückzufinden, damit er nicht mehr auf seine Pressesprecher angewiesen ist.

Hawking war fasziniert vom Phänomen Kurz. Sein letztes Werk, in dem er sich der Erforschung des Schwarzen Lochs in der Seele von Kurz widmete, konnte er nicht mehr vollenden. Sein gesamtes Vermögen geht deshalb an die „Sebastian Kurz Black Hole Initiative" der Universität Cambridge.

Neue Sprachsoftware

Bevor Kurz den Computer einsetzen kann, tauschen Spezialisten die Sprachsoftware aus, wie Medienminister Gernot Blümel verrät: „Der Computer wird anhand der Gedanken von Sebastian Kurz erkennen, was dieser uns zu verschiedenen Themen wie dem BVT-Skandal, der Arbeitslosigkeit oder der Schulreform mitteilen will. Außerdem kann die Software den Satz ‚Ich habe die Balkanroute geschlossen' in mehr als 30 Sprachen aufsagen."

FINANZEN   15. März 2018

95.000 Euro für energetische Reinigung: Chefchirurg Uri Geller verteidigt Krankenhaus Nord

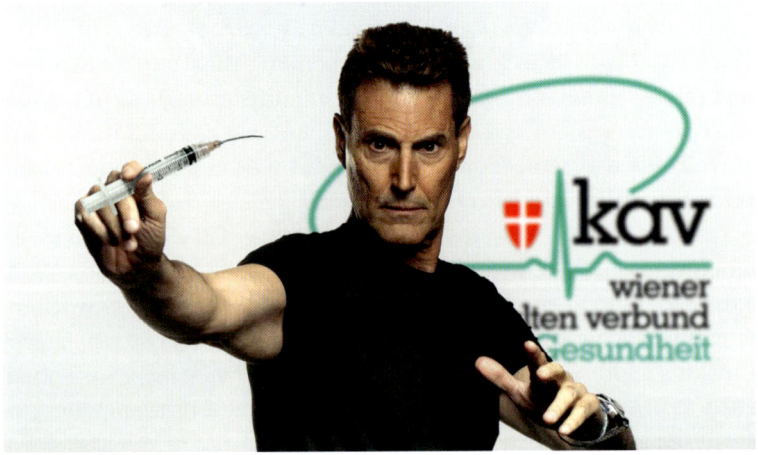

Foto: Tagespresse, Montage

Der Wiener Krankenanstaltenverbund muss sich für den energetischen Schutzring um das Krankenhaus Nord zu einem Preis von 95.000 Euro viel Kritik anhören. Doch jetzt rückt Chefchirurg Uri Geller zur Verteidigung des Spitals aus. Demnach sei der Schutzring um das unfertige Gebäude unerlässlich gewesen.

„95.000 Euro sind ein sehr guter Preis – solche Schutzringe kosten meist das Doppelte, je nach Größe", erklärt Geller. Auf den Vorwurf, dass vor Operationen Hunderte Skalpelle und Spritzen im Krankenhaus Nord offenbar verbogen worden seien, wollte Geller nicht eingehen. „Die Kritik an unserem Krankenhaus ist einfach absurd und lächerlich", sagt Vincent Raven, Chefarzt der Psychiatrie.

Negative Schwingungen
Auch Bürgermeister Michael Häupl (SPÖ) stellt sich hinter den KAV und versteht, dass man das Gebäude gegen negative energetische Schwingungen schützen musste: „Auch ich habe bei Baustellenbesichtigungen am Krankenhaus Nord immer wieder Schwingungen gespürt."

Skandale verhindern
Um weitere Skandale zu vermeiden, wurde zur internen Qualitätssicherung der renommierte Experte Magic Christian gewonnen. Nach einer ersten Begehung mit seiner Wünschelrute hat dieser allerdings schlechte Nachrichten: Der gesamte Spitalkomplex wurde auf einer unterirdischen Wasserader errichtet. Er muss daher abgetragen und an anderer Stelle neu errichtet werden.

Tausende Wahlkarten haben sich nicht selbst geöffnet: Russland-Wahl vor Wiederholung

Foto: Kremlin.ru

Eigentlich wollte Russlands Präsident Wladimir Putin mit der gestrigen Präsidentenwahl seine Macht zementieren. Doch der Plan könnte nach hinten losgehen: Aus ganz Russland werden Meldungen bekannt, wonach Tausende Wahlkarten ordnungsgemäß zugestellt und ausgezählt wurden, anstatt sich von selbst zu öffnen. Jetzt steht die Wahl vor einer Wiederholung.

Empörte Regierungsvertreter sprechen von zahlreichen Regelmäßigkeiten, die teilweise sogar auf Video festgehalten wurden. Mehrere russische Wähler durften ihre Stimme abgeben, obwohl sie ordnungsgemäß in einer Wahlliste als gültige Wähler registriert waren. Teilweise waren bei Auszählungen sogar Wahlbeisitzer anwesend.

Beobachter schockiert

„Genau so etwas hätte nicht passieren dürfen", sagt der unabhängige Wahlbeobachter Johann Gudenus kopfschüttelnd. „Diese Wahl war leider zutiefst demokratisch, da läuft es einem als Beobachter kalt den Rücken runter. Mit einem deutschen Kleber wäre das nicht passiert."

Auch die Opposition wittert Anomalien: „Wir haben ein bis zwei Prozent erreicht. So ein hohes Wahlergebnis für russische Oppositionsparteien kann es rechnerisch doch gar nicht geben", erklärten die oppositionellen Parteichefs Wladimira Putinowa, Wladimir Putin der Zweite und Wladimir Putin in einer gemeinsamen Presseaussendung.

Das vorläufige Wahlergebnis für Präsident Putin beträgt nach der Auszählung am Sonntag 76,6 Prozent, könnte aber bis zum Ende der Woche noch höher ausfallen, wie ein Kreml-Sprecher erklärt: „Wir warten derzeit noch auf die Briefwahlstimmen aus dem Ausland. Vor allem der Sprengel aus der Wiener FPÖ-Zentrale könnte uns dann noch locker auf 80 Prozent bringen."

POLITIK   21. März 2018

Erneuter Abhörskandal: Strache sichtet Spionagedrohne vor Bürofenster

Foto: 123RF

Kein Durchatmen für Sportminister Heinz-Christian Strache: Kurz nachdem sich die in seinem Büro gefundene Abhöranlage als harmloser Lautsprecher für Parlamentsübertragungen entpuppt hat, will der Vizekanzler erneut Opfer eines Lauschangriffes geworden sein. Vor dem Fenster seines Büros entdeckte Strache heute ein verdächtiges UFUO (Unter Freiheitlichen unbekanntes Objekt). „Das Objekt starrte mich an, startete dann die Signalübertragung mittels chiffrierter Gurrlaute und flog anschließend lautlos davon", schildert der Vizekanzler den Vorfall.

Um möglichst wenig Aufsehen zu erregen, postete der Vizekanzler die Vorkommnisse umgehend mit dem Zusatz „geheim ;-)" auf seiner Facebook-Seite und alarmierte mittels abhörsicheren Notfall-Dosentelefons seine Wahrsagerin. Von den kurz darauf eintreffenden Ermittlern wurde Strache mit einem Aluhut und einem schalldichten Blei-Sarkophag erstversorgt.

Diskreter Polizeieinsatz

Da das Objekt mehrmals eine verdächtige weiße Flüssigkeit aus seinem Heck auf die Fensterbank versprühte, wurde die ABC-Abwehrtruppe des Bundesheeres alarmiert. Von den fünf Eurofightern, die den Luftraum über dem Büro des Vizekanzlers sichern sollten, wurden inzwischen zwei wieder abgezogen.

Den Vorwurf, die FPÖ wolle nur von der aktuellen BVT-Affäre ablenken, weist man im Innenministerium scharf zurück. „Die skandalisierende Skandalisierung dieses skandalträchtigen Skandals, das ist der wahre skandalöse Skandal", so Innenminister Herbert Kickl in einer Stellungnahme.

Erster Ermittlungserfolg

Die Spezialeinheit Cobra berichtet indes von einem ersten Fahndungserfolg: Im Innenhof eines Gemeindebaus im 21. Wiener Bezirk wurde eine 90-jährige Frau festgenommen. Diese war dabei beobachtet worden, wie sie die Drohne mittels einer alten Semmel anfüttern wollte, um ihr Geheiminformationen zu entlocken.

Neun Scharfschützen gelang es, die Drohne auszuschalten und die mutmaßliche Spionin mit zwei gezielten Schüssen auf die Reifen ihres Rollators an der Flucht zu hindern.

Zu faul zum Selber-Putzen: Österreichischer Saugroboter bestellt sich slowakischen Saugroboter

Foto: Tagespresse. Montage

Ein österreichischer Saugroboter ist seit Wochen zu faul zum Putzen. Damit die Wohnung trotzdem gereinigt wird, hat er sich nun einen slowakischen Saugroboter bestellt.

Eigentlich führt die Familie Grabmann aus Gänserndorf ein ganz normales, beschauliches niederösterreichisches Leben: drei Hunde, zwei SUVs, ein Kind im Keller.

Doch seit Kurzem ist Familienvater Rudolf verzweifelt: „I hob für mei Holde zum Valentinstag wirklich tiaf ins Börserl gegriffn und ihr so an Saugroboter kauft, damit sie a bissl von den sogenannten häuslichen Pflichten entlastet wird. Oba der scheiß Roboter putzt afoch ned!"

Unser Lokalaugenschein beweist: Der österreichische Saugroboter ist tatsächlich zu faul zum Putzen. Er fährt langsam seitlich die Couch hoch, sieht anschließend stundenlang fern und saugt höchstens einmal eine Packung Chips ein. Auf der Anzeige blinken in roter LED-Schrift die Worte „MI ZAHTS HEIT NED – MORGEN IS A NO A TOG".

Slowakischer Roboter als Ersatz

Dass die Wohnung trotzdem sauber ist, verdankt Familie Grabmann dem slowakischen Saugroboter, den sich der österreichische Saugroboter nun online bestellt hat. „Der kommt jetzt einmal in der Woche rüber von Bratislava und putzt alles picobello", erklärt Frau Grabmann.

Trotzdem belastet es den Haushalt, da sie oder ihr Ehemann nun beim Putzen anwesend sein müssen: „Ich hab' wirklich keine Vorurteile. Aber trotzdem hat man als Österreicher irgendwie ein mulmiges Gefühl, wenn so ein Ausländer dir über das ganze teure Silberbesteck putzt, das man sich jahrzehntelang hart ererbt hat."

WELT   27. März 2018

Krise verschärft sich: Österreich weist russischen Diplomaten aus

Foto: Jürg Christandl / Kurier / picturedesk.at

Jetzt also doch: Mehrere westliche Staaten weisen als Reaktion auf einen mutmaßlich aus Moskau gesteuerten Giftanschlag zahlreiche Diplomaten aus. Österreich schließt sich nun an und schickt den russischen Diplomaten Jurij Gudenow zurück nach Moskau. Damit verliert Wladimir Putin einen weiteren wichtigen Vertreter im Ausland.

Gudenow, besser bekannt unter seinem arisierten Namen „Johann Gudenus", erhielt heute früh die Aufforderung, sein Büro in der Wiener FPÖ-Zentrale binnen 24 Stunden zu räumen. Mehrere Kilogramm Wanzen aus dem Büro von Vizekanzler Strache muss er ebenfalls mitnehmen.

„Dass Österreich dem Druck der EU und USA nachgibt und Jurij Gudenow ausweist, ist eine Provokation, die alles bisher Dagewesene übertrifft", zeigt sich Russlands Außenminister Sergej Lawrow in einer ersten Stellungnahme ungewohnt emotional.

Rascher Aufstieg

Mit seiner Ausweisung findet die diplomatische Karriere von Gudenow vorerst ein Ende. Der gebürtige St. Petersburger kletterte die Karriereleiter in Österreich rasch nach oben und wurde sogar Chef der Wiener FPÖ. Einem Kreml-Sprecher zufolge soll Gudenow jetzt nicht-amtsführender Stadtrat auf der Krim werden.

Moskau antwortet

Russland will mit harschen Sanktionen reagieren. Derzeit wird überlegt, das ÖFB-Team von der Teilnahme an der Fußball-WM im kommenden Sommer auszuschließen.

Will Absetzung verhindern: Peter Rapp kettet sich an „Brieflos"-Rad

Foto: ORF/Jürgen Pichlkostner, Montage

Die Absetzung der beliebten „Brieflos-Show" auf ORF 2 sorgt für Wut, Trauer und Verzweiflung. Moderator Peter Rapp will die Zerstörung seiner Existenz nicht einfach so hinnehmen: In einem Akt des Protests kettete er sich an das „Brieflos"-Rad. Die Situation droht zu eskalieren.

„Ich habe keine Angst vor den Bulldozern", gibt sich Rapp gegenüber Medien kampfbereit, während er sich mit einem Sicherheitsschloss festkettet und den Schlüssel verschluckt. „Sie können mir meinen Besitz nehmen, meine Familie, meine Würde. Aber nicht meine Sendung!"

Gemeinsam mit mehreren fanatischen Anhängern verbarrikadiert sich Rapp zur Stunde im Studio 7-B am Wiener Küniglberg. ORF-Generaldirektor Alexander Wrabetz konnte nur durch viel Überzeugungsarbeit davon abgehalten werden, den Raum durch GIS-Kontrollore stürmen zu lassen: „Wir wollen hier kein Blutbad", so ein Polizeisprecher. Die Polizei will jetzt ein unbewaffnetes Vermittlerpferd ins ORF-Zentrum galoppieren lassen.

Hausdurchsuchung bei Rapp

Inzwischen stellte die Cobra in Rapps Wohnung mehrere Molotow-cocktails, Sturmhauben, Steinschleudern und schwarze North-Face-Regenjacken sicher. Rapp selbst verweigert die Kooperation mit den Behörden: „Von mir gibt es keine Aussage! ACAB! ‚Brieflos-Show‘ o muerte!"

Brenzlige Situation

Laut Wrabetz ist die Lage derzeit unter Kontrolle. Doch Insider befürchten eine weitere Eskalation: „Im Worst-Case-Szenario verbünden sich die Aufständischen mit dem revolutionären ‚Taxi-Orange‘-Lager." Dieses hält seit 2002 den Westflügel besetzt und hat dort eine klassenlose Parallelgesellschaft geschaffen. Sie fordert vom ORF eine Wiedereinführung der Reality-Show.

1. April 2018

Ostern am 1. April erspart Jung-familien Millionen Euro

Foto: Depositphotos

Ostersonntag und 1. April am selben Tag – laut einer Studie der Arbeiterkammer sorgt diese seltene Konstellation für Millioneneinsparungen in heimischen Haushalten. Vor allem Jungfamilien profitieren, wie ein Lokalaugenschein beweist.

Klosterneuburg – Bei Familie Scherzinger geht es Sonntagfrüh rund: Während der weinende Konstantin (4) ein leeres Osternest nach dem anderen aus der Thujenhecke des elterlichen Gartens zieht, freut sich Vater Nikolaus sichtlich über das ersparte Geld. „April, April!", ruft er seinem brüllenden Sohn immer wieder zu und wischt sich die Lachtränen aus dem Gesicht.

AK zufrieden

„Das Zusammenlegen von hohen Feiertagen hat sich bewährt", resümiert die AK. Sie fordert die Kombination weiterer Feste wie etwa Weihnachten und Ramadan.

Handel leidet

Während die Privathaushalte jubeln, droht das Ostergeschäft für die heimische Wirtschaft hingegen zum Desaster zu werden. Die Wirtschaftskammer versprach daher Soforthilfe. Im Hasenkostüm verkleidet, versuchte WKO-Präsident Christoph Leitl in den frühen Morgenstunden in der Wiener Innenstadt, mehrere Tonnen unverkäufliche Schokohasen und Gelee-Eier an japanische Touristen zu verscherbeln.

„Das Osterfest hat enorme Bedeutung für den heimischen Einzelhandel", betont Leitl, während er wegen Verdachts auf gewerbsmäßige Hehlerei in Untersuchungshaft genommen wird.

Wer zuletzt lacht

Zurück in Klosterneuburg, hat Familie Scherzinger unterdessen jedoch andere Sorgen. Denn der Aprilscherz scheint unerwartet nach hinten losgegangen zu sein: Konstantin gelang es, sich Root-Zugang zum WLAN-Router zu verschaffen und das Passwort zu ändern. Er fordert nun von seinen Eltern zehn Tonnen Schokolade Lösegeld.

Sensation in Niederösterreich: Selbstfahrender weißer Lieferwagen entführt erstmals Kind

Foto: Tagespresse

Großer Jubel in Niederösterreich: Ein selbstfahrender weißer Lieferwagen hat dort erstmals selbstständig und ohne menschliches Zutun ein Kind entführt. Für das innovative heimische Start-up „Kid2Nap", das an intelligenten Lösungen für das Entführen von Kindern arbeitet, stellt der Erfolg einen Durchbruch dar.

Mistelbach – Videoaufnahmen zeigen, wie sich der weiße Kastenwagen einer Volksschule nähert. Ein Computerassistent verspricht neugierigen Kindern Schokolade. Sobald sich ein Kind in den Laderaum des Lieferwagens begibt, schließt die Türe automatisch. Ein intelligenter Algorithmus berechnet anschließend die schnellste Fluchtroute.

Disruptive
„Das Entführen von Kindern wird bald so einfach sein wie noch nie", erklärt Gründer Reinhard Holzer (29). „Wir wollen diese beliebte ös-

terreichische Tradition komplett disrupten." Entführer brauchen in Zukunft nur noch eine Smartphone-App, die es kostenlos im App-Store zum Herunterladen gibt. Unter dem Motto „Schneller in den Keller" sollen bis 2021 mehr als 90 Prozent aller Kindesentführungen digitalisiert werden.

Neben „Kid2Nap" arbeiten auch andere heimische Start-ups an autonomer Fahrtechnologie. In Wien werden derzeit selbstfahrende Autos getestet, die Radfahrer erkennen und gezielt auf sie zusteuern. Die Technologie ist aber noch weit von der Serienreife entfernt, da immer noch knapp zehn Prozent aller Radfahrer verfehlt werden.

Sparkurs: Regierung ersetzt Richter durch speziell ausgebildete Richterpferde

Foto: Depositphotos

Wien – Der Aufnahmestopp für Richteranwärter sorgte vor Kurzem für große Aufregung. Doch alle Ängste scheinen unbegründet. Denn speziell ausgebildete Richterpferde werden Personalengpässe ausgleichen, wie Justizminister Josef Moser und Innenminister Herbert Kickl heute bekannt gaben. Sie sollen künftig sowohl Straf- als auch Zivilprozesse leiten. Damit übernehmen Pferde nach Aufgaben bei der Polizei eine weitere wichtige Rolle im Staatsapparat.

„Mit dieser Regierung erhält das Wort ‚Amtsschimmel‘ eine neue Bedeutung", erklärte Moser erfreut. „Dank der Pferde profitiert die Justiz von massiven Einsparungspotenzialen."

Denn während Richter hohe monatliche Gehälter sowie Pensionsansprüche erhalten, geben sich Richterpferde mit einigen Karotten zufrieden und können nach Ende ihrer Dienstzeit kostengünstig eingeschläfert werden.

Staat wird umgebaut

Derzeit bildet die Regierung am Juridicum der Universität Wien mehrere Pferde im Schnelldurchlauf zu Juristen aus. Mitstudenten zufolge fügen sich die Pferde gut in den Uni-Alltag ein, wie Jus-Student Julius (21) der **TAGESPRESSE** bestätigt: „Sie sitzen mit uns in den Vorlesungen, absolvieren Prüfungen, verschicken Nazi-Memes in geheimen WhatsApp-Gruppen. Alles ganz normal halt."

Eklat

Ein Pilotversuch am Wiener Landesgericht verlief jedoch problematisch und endete im Eklat: Ein Richterpferd ließ einen LKW-Dieb laufen, der zwölf Tonnen raffinierten Zucker stehlen wollte. Stattdessen wurde der Staatsanwalt, der eine Pferdeleberkässemmel dabeihatte, wegen Mordes zu lebenslanger Haft verurteilt.

„Neuer Stil"

Insidern zufolge könnte die Rolle der Pferde im Staatsapparat massiv ausgeweitet werden. Unter Parlamentsabgeordneten macht sich bereits Nervosität breit. Ein Abgeordneter packt aus: „Du stehst jeden Tag auf, gehst in die Arbeit, machst deinen Job. Aber im Hinterkopf hast du immer diese Angst: Ich könnte jeden Moment durch ein Pferd ersetzt werden."

Diplomatischer Fauxpas: Xi Jinping hält Van der Bellens Chico für Gastgeschenk

Foto: Tagespresse, Montage

Zu einem diplomatischen Fauxpas kam es heute am Rande des Staatsbesuchs der österreichischen Staatsspitze in China: Der chinesische Staatspräsident Xi Jinping hielt den Hund von Präsident Alexander Van der Bellen irrtümlicherweise für ein Gastgeschenk. Die diplomatischen Gepflogenheiten ließen Jinping keine andere Wahl, als das Geschenk anzunehmen.

Dass Chinas Staatschef seine Köche angewiesen hatte, den treuen Begleiter des österreichischen Präsidenten zu den traditionellen chinesischen Spezialitäten A 6, B 19 und D 11 zu verarbeiten, fiel erst nach dem gemeinsamen Festabendessen mit der gesamten österreichischen Delegation auf.

Zutiefst betroffen

Mit feuchten Augen entschuldigte sich Van der Bellen auf die Raucherterrasse, um den herben Verlust bei „einer Zigarette" zu verarbeiten. Gegen Mitternacht musste in Peking die höchste Smog-Warnstufe ausgerufen werden.

Kurz mit Delegation eingetroffen

Auch Bundeskanzler Sebastian Kurz ist gestern in China eingetroffen. Für den Nachmittag ist ein bilaterales Gespräch mit Chinas Präsident geplant. Offizielle Termine mit dem Führer eines autokratisch regierten Landes, in dem Minderheitenrechte und Pressefreiheit mit Füßen getreten werden, gelten zwar als diplomatisch äußerst heikel. Beobachter gehen aber davon aus, dass Xi Jinping trotzdem das notwendige Fingerspitzengefühl zeigen wird. Schon im Vorfeld war bekannt geworden, dass Jinping die dramatische humanitäre Lage der ÖVP-Landesparteien ansprechen wird.

POLITIK   10. April 2018

Werbekampagne: Regierung gibt verunfallten Arbeitnehmern Tipps für Zeit nach AUVA

Foto: Sozialministerium, Depositphotos, Montage

Die aktuell diskutierte Abschaffung der AUVA sorgt unter Arbeitern und Angestellten für Verunsicherung. Die Regierung steuert jetzt gegen und gibt verunfallten Arbeitnehmern Tipps für die Zeit nach der AUVA. Durch aufmunternde Slogans auf Werbeplakaten sollen Ängste gelöst und das Vertrauen in die Regierung gestärkt werden. Neben dem Spruch „Bis du heiratest, ist's wieder gut!" präsentiert Beate Hartinger-Klein (FPÖ) Plakate mit den Slogans „Die Zeit heilt alle Wunden", „A Indianer kennt kan Schmerz" und „Wenn dein Arbeitskollege vom Gerüst fällt, springst du dann hinterher?".

„Durch die Abschaffung der AUVA profitieren alle", sagt Hartinger-Klein. „Die fünf Millionen Versicherten werden viel vorsichtiger sein, wenn sie wissen, dass die AUVA nicht mehr für ihre Unfallschäden aufkommt. Und Unternehmen machen um 500 Millionen Euro mehr Gewinn. Also wirklich alle haben was davon."

Hartinger-Klein erklärt weiter, sie fordere von ihrem Pressesprecher, dass ihre Beliebtheitswerte infolge der Kampagne stark steigen. Sie erwarte jedoch nicht, dass das Ziel erreicht werden kann, weshalb sie den Vertrag mit ihrem Sprecher wohl auflösen wird.

Für Arbeitnehmer, die sich trotz der Tipps der Regierung für einen Unfall entscheiden, hat Hartinger-Klein ebenfalls einen wohlwollenden Ratschlag parat: „Wer nicht hören will, muss fühlen."

Strache wettert gegen Pommes-Verordnung: „Werde im Lokal weiterhin Pommes rauchen"

Foto: APA/Jäger, picturedesk.com

Ab Mittwoch gilt in der gesamten EU die „Pommes-Verordnung", mit der Brüssel gegen Acrylamid vorgehen will. Doch dem FPÖ-Chef und Vizekanzler Heinz-Christian Strache schmeckt das Gesetz ganz und gar nicht. Er plant einen Boykott und kündigt an, seine Pommes weiterhin wie gewohnt im Lokal zu rauchen.

Lokalaugenschein im ersten Wiener Gemeindebezirk: Wir treffen Strache beim Nobel-Centimeter unweit des Wiener Stephansdoms. Der FPÖ-Chef ist wütend: „Ich lasse mir doch bitteschön nicht von irgendwelchen Bürokraten aus Brüssel mein gemütliches Pommes frites nach der Mahlzeit verbieten", erklärt Strache und zündet sich ein braungebackenes Pommes an. „Meine Großeltern haben auch alle Pommes geraucht, und manche von ihnen sind sogar älter als 45 Jahre geworden."

EU versteht Aufregung nicht

In Brüssel versteht man die Aufregung indes nicht und steht zum neuen Gesetz, wie EU-Kommissionspräsident Jean-Claude Juncker bekräftigt: „Wir müssen die Gesundheit der Europäer schützen. Unsere Bürger können nicht auch noch das ganze Acrylamid verkraften, wo wir sie ja eh schon so dermaßen mit Glyphosat vollstopfen."

Laut Juncker wurde das Gesetz lange und behutsam vorbereitet: „Wir haben uns sowohl mit Vertretern der Glyphosat- als auch der Acrylamid-Lobby getroffen und anschließend entschieden, dass uns der Sektbrunch mit der Glyphosat-Lobby mehr überzeugt hat."

Gesundheitsministerin tobt

Auch Gesundheitsministerin Beate Hartinger-Klein wehrt sich gegen die Pommes-Verordnung und bezeichnet diese als „grauslich, pervers und, um es höflich auszudrücken, einen ziemlich oaschlochmäßigen Angriff auf unsere österreichischen Werte wie Selbstbestimmung und ungesunde Ernährung".

Österreich wird wie schon beim Rauchverbot einen eigenen Weg gehen, erklärt auch Strache abschließend: „Laut einer Studie, die ich heute geträumt habe, ist alles, was aus Brüssel kommt, gegen die Interessen der Österreicher. Das sollte wohl Beweis genug sein, dass wir uns nicht an derartige Zwischenrufe aus Holland halten werden."

Eva Glawischnig wird Klubchefin der Liste Pilz

Foto: HERBERT-PFARRHOFER / APA / picturedesk.com

Die personellen Turbulenzen bei der Liste Pilz erreichen ihren vorläufigen Höhepunkt: Nach dem Rücktritt von Peter Kolba als Klubchef übernimmt nun Eva Glawischnig das Ruder im Parlamentsklub. Damit kehrt die Ex-Grünen-Chefin nach einem Kurzausflug zu Novomatic wieder in die Politik zurück.

In einer Nacht-und-Nebel-Aktion gelang es Glawischnig, mithilfe einer basisdemokratischen Listenvorwahl sowohl Kolba als auch Parteigründer Peter Pilz aus wichtigen Parteifunktionen abzuwählen. „Ich hätte Pilz sehr gerne dabei und habe ihm angeboten, für den 35. Listenplatz anzutreten, was er jedoch abgelehnt hat", zeigt sich Glawischnig enttäuscht über den Abgang von Pilz.

Glawischnig freut sich auf die neue Aufgabe bei der Liste Pilz: „Ich wollte schon immer bei den ganz Kleinen dabei sein. Bei den absolut Hoffnungslosen; bei denen, die sich politisch und menschlich schon komplett aufgegeben haben."

Glühende Anhänger der Novomatic-Bewegung kritisieren den Wechsel scharf. Sie sehen darin einen Verrat an den Werten des menschenverachtenden Raubtierkapitalismus.

Der Schritt sorgt landesweit für Aufsehen: Das bekannte Satiremagazin *Österreich* etwa nahm die Nachricht über Glawischnigs Wechsel zur Liste Pilz auf die Schaufel, indem es die Meldung einfach von der APA übernahm und unverändert auf seiner Website veröffentlichte.

Mehr Heimat an Schulen: Regierung ersetzt Schulbuffets durch Schulheurigen

Foto: Depositphotos

Die Heimat-Offensive an den Schulen hält an: Nach dem Kopftuchverbot für Schülerinnen und den Deutschklassen will die Regierung nun mit der Jause auch den wichtigsten Bereich in Österreichs Schulen reformieren. Die Buffets werden durch traditionelle Heurige ersetzt.

Niederösterreich – „Endlich erhält österreichische Kultur mehr Präsenz in den Schulen", freut sich Bildungsminister Heinz Faßmann (ÖVP) bei der Eröffnung des Schulheurigen im Gymnasium Retz. Stolz klopft er auf ein Weinfass und verrät den Schülern seinen Türcode, seinen PIN-Code und die Lösungen der kommenden Zentralmatura. Auch Vizekanzler Strache ist anwesend und testet das neue Bildungsangebot, das seit heute Grünen Veltliner, Riesling sowie Chardonnay umfasst.

Schüler begeistert

Für die Reform findet Strache nur lobende Worte: „Das Wort ‚Buffet' kommt aus dem Französischen. Niemand weiß, was es eigentlich heißt. Aber dieser Unfug hat jetzt ein Ende."

Der erste Test des Schulheurigen verläuft positiv. „Das Schmalzbrot ist ur gut", freut sich Schüler Daniel (11) und nippt an seinem Weinglas. „Und dieser DAC oder wie das heißt prickelt so schön im Kopf. Die Matherechnungen machen auf einmal voll den Sinn."

Weitere Heimat-Offensive

Die Heimat-Offensive der Regierung ist aber noch lange nicht abgeschlossen, wie Bundeskanzler Sebastian Kurz verrät: „Wir planen bis Ende des Jahres eigene Heimat-Sprachkurse für Schüler, die bisher nur Hochdeutsch sprechen konnten."

Außerdem will die ÖVP schon diesen Sommer die sogenannte Zentralmatura-Reise einführen. Alle 43.000 Maturanten fahren deshalb heuer nicht mehr zum Summer Splash in die Türkei, sondern zum Landjugend-Gschnas nach Waidhofen an der Thaya.

Wehrsportübung in Wiener Moschee: Strache lobt „vorbildliche Integration"

Foto: Starpix / picturedesk.com, Montage

Vizekanzler Heinz-Christian Strache galt bisher nicht als Freund der Integration. Doch ein Schlüsselerlebnis hat seine Meinung verändert: Neue Fotos im *Falter* zeigen Fotos von Kindern in einer Wiener Moschee, die unter türkischer Flagge und in Uniform exerzieren. Strache lobt die „vorbildliche Integration" und besucht die Kinder.

Wien-Brigittenau – „Nichts stählt einen kindlichen Geist so sehr wie Kameradschaft", weiß Strache aus seiner eigenen Jugend zu berichten. „Als ich diese Fotos gesehen hab', da hab' ich Hoffnung geschöpft, dass erfolgreiche Integration doch mehr ist als nur ein linkslink-versifft-rot-grün-GIS-kommunistisches Luftschloss."

Lokalaugenschein
Strache, der nach Bekanntwerden der Fotos freiwillig das Amt des Integrationsministers übernahm, überzeugt sich bei einem Besuch in der Wiener Moschee von den Fortschritten.

Einer der Kindersoldaten demonstriert, was er bereits gelernt hat, und setzt einen Trainingspartner durch einen sauber ausgeführten Kolbenschlag mit dem Gewehr außer Gefecht. Strache beobachtet die Szene mit Tränen in den Augen. „Das ist das Schönste, was ich seit meiner Jugend gesehen habe", sagt er.

Strache beim Paintball-Spielen

Nach der Vorführung gibt der FPÖ-Chef den diplomatischen Staatsmann: „Ich glaube, wir Europäer und Osmanen konzentrieren uns so sehr auf unsere Unterschiede, dass wir die Gemeinsamkeiten vergessen", erklärt Strache neben dem Muezzin im Hinterzimmer des Kulturvereins, wo er im Schneidersitz seine 27. Shisha an diesem Tag raucht.

Engere Partnerschaft
Die FPÖ will das Integrationskonzept der ATIB auch auf heimische Schulen ausweiten: Im Turnunterricht sollen Kinder die Belagerung Wiens von 1683 durch Großwesir Kara Mustafa nachstellen.

Außerdem ist ein Maturareisen-Austauschprogramm geplant: Im Gegenzug zu Tausenden österreichischen Maturanten, die jährlich nach Antalya reisen, sollen jedes Jahr zehntausend türkische Schulabsolventen im Landgasthaus „Zur alten Post" in Waidhofen an der Thaya einquartiert werden.

WU startet neuen Master-Lehrgang „Start-up-Hurensohn MSc"

Foto: Depositphotos

Immer mehr junge Leute verzichten freiwillig auf Karrieren in Großkonzernen und versuchen ihr Glück als Gründer. Grund genug für die Wiener Wirtschaftsuniversität, ihr Bildungsangebot auszuweiten: Ab heute können sich Interessierte für den neuen einjährigen Master-Lehrgang „Start-up-Hurensohn MSc" bewerben. Der erste Jahrgang startet im kommenden Wintersemester.

Wien – „In diesem Programm bekommen junge Gründer alles, was sie brauchen, um als Start-up-Hurensohn voll durchzustarten", sagt Programmleiter und Business Angel Dr. Heo Lillinger im Foyer der Wiener WU.

Studenten erlernen wertvolle Hard Skills wie Ausbeutung von Mitarbeitern und das Hinzufügen der Jobbeschreibung „CEO" im eigenen Facebook-Profil. Aber auch Soft Skills kommen nicht zu kurz, etwa wie man beim After-Work-Networking das Wort „Serial Entrepreneur" vierzehnmal in denselben Satz einbaut.

Disruptive

Aufgewertet wird das Programm durch Gastvorträge von erfolgreichen Start-up-Hurensöhnen wie etwa Dr. Marsten Cashmeyer, der bereits zwölf Firmen gegründet und 17 in den Sand gesetzt hat. Er kann es kaum erwarten, seine Erfahrungen an die nächste Generation von Start-up-Hurensöhnen weiterzugeben.

„‚Disruptive' lautet das Wort der Stunde", sagt WU-Student Alexander Otto Albrecht von Inzest. „Dank meines Growth Mindsets konnte ich bereits meine eigene Kreditwürdigkeit bei allen österreichischen Bankinstituten disrupten. Zum Glück hat mir mein Papa eine Wohnung gekauft, hahaha!"

Doch Programmleiter Lillinger warnt vor falschen Erwartungen der Studierenden: „Viele kommen zu mir und sagen: Wir möchten das nächste Google werden. Aber das ist die falsche Einstellung", erzählt er. „Um ein richtiger Start-up-Hurensohn zu werden, brauchst du keine Idee, sondern zuerst mal ein 200-Quadratmeter-Office mit Dachterrasse und einem gottverdammten CrossFit-Raum."

„Mensch ärgere Dich über alles": Brettspiel-Klassiker jetzt als Wien-Edition erhältlich

Foto: Starpix / picturedesk.com, Montage

Der Brettspiel-Klassiker „Mensch ärgere Dich nicht" ist ab sofort in einer neuen Wien-Version erhältlich. Die Adaption kommt eigens für die Bedürfnisse der Bundeshauptstadt auf den Markt und trägt den Titel „Mensch ärgere Dich über alles".

„Eine Feldstudie ergab, dass Spieler aus Wien sich bisher einfach über alles geärgert haben. Nicht nur, wenn die Figur zurück an den Start musste", erklärt der renommierte Brettspiel-Verhaltensforscher Friedrich Klemmner. Selbst ein gewürfelter Sechser sei permanent bejammert worden. Nicht selten hörte man vom Sieger einer Partie Sätze wie „Jetzt hob i den Bledsinn scho wieda gwunna. So a Scheiß."

Die nun erhältliche Adaption bietet den Wienern endlich vollen reduzierten Spielspaß für die ganze dysfunktionale Familie.

Neue Spielregeln

Wenngleich sich die Wiener Version zum Teil an das Original hält, wurden einige Regeln angepasst. Das Spiel ist laut Beschreibung geeignet für alle zwischen 1 und 99 Promille. Die neu gestalteten Spielfiguren stehen nicht gerade, sondern sind verkrümmt und leicht gebückt. Wer sich außerdem für die Spielfarbe Blau entscheidet, darf gegnerische Figuren nicht nur schlagen, sondern gleich vom ganzen Spielfeld abschieben.

Weitere Österreich-Adaptionen

Inzwischen wurden auch bereits weitere Österreich-Adaptionen bisheriger Spieleklassiker angekündigt. So erscheint noch diesen Frühling das „Spiel des sinnlosen Lebens". Außerdem bald erhältlich ist das steirische Schach, bei dem alle Figuren Bauern sind, sowie das Computer-Spiel „Tetris SPÖ", bei dem man um seine gestapelten Bausteine einen energetischen Schutzring legen kann.

Erster Arbeiter seit 30 Jahren: Straßenkehrer verirrt sich zufällig zu SPÖ-Maiaufmarsch

Für die SPÖ gab es beim heutigen Maiaufmarsch besonderen Grund zum Feiern. Denn zum ersten Mal seit 30 Jahren nahm tatsächlich ein echter Arbeiter an den Feierlichkeiten anlässlich des Tags der Arbeit teil. Beobachter werten das Ereignis als kräftiges Lebenszeichen für die Sozialdemokratie.

Wien – MA-48-Straßenkehrer Manfred G. (33) reinigte gerade den Gehsteig auf der Wiener Ringstraße, als er zufällig in den traditionellen Maiaufmarsch geriet: „Ich hob grod aufkehrt und ned gschaut, wo i hingeh." Auf einmal fand sich G. von mehreren etwa 40-jährigen pensionierten Wiener Gemeindebeamten umzingelt, die ihn euphorisch mit „Freundschaft" begrüßten.

Große Aufregung
Die Nachricht von der Anwesenheit eines Arbeiters verbreitete sich schnell bis hinauf zur Parteispitze, die sofort das Programm adap-

tierte. „Von wegen, die SPÖ hat die Arbeiter verloren!", tönte Christian Kern unter begeisterten Jubelrufen. „Ich kann mich mit der Situation der Arbeiter sehr gut identifizieren, seitdem ich selbst einmal in einem extrem engen Slimfit-Anzug 20 Minuten lang Pizza ausliefern musste."

Die Sozialistische Jugend engagierte Manfred G. bereits als Gastreferent für das zweitägige Seminar „Das Arbeiter*innenbild im queerfeministisch-marxistischen Genderdiskurs". SJ-Mitglied Hannah ist überzeugt davon, Manfred G. von den Anliegen der Sozialdemokratie überzeugen zu können: „Er wird bestimmt begeistert sein, wenn er erfährt, dass er in Wahrheit ein grindiger Cis-Mann ist, der von einem kapitalistisch-sexistischen Patriarchat profitiert."

Neues Mitglied
Die SPÖ scheint Manfred G. tatsächlich überzeugt zu haben: Noch an Ort und Stelle meldet er sich als „Gastmitglied" an – allerdings unter der Kondition, dass die Partei den Rathausplatz bis 16 Uhr räumt, damit er anschließend sauber machen und rechtzeitig heimgehen kann.

Für rauchende Eltern: Maxi-Cosi bringt Outdoor-Kindersitz auf den Markt

Foto: Depositphotos / Montage

Seit dem 1. Mai ist das Rauchen im Auto im Beisein von Minderjährigen verboten – eine Hiobsbotschaft für genussorientierte Eltern. Die gute Nachricht: Dank des neuen Kindersitzes „Kiddy Max-Fresh-Air" des Herstellers Maxi-Cosi können diese jetzt weiterhin im Auto ihrer Leidenschaft frönen.

Ob sich der Kindersitz in der Praxis bewährt, erfahren wir bei Familie Pospischil aus Wien-Floridsdorf. Vor der Abfahrt zum Wochenendausflug in die Excalibur City schnallt Mutter Jennifer (27) ihren Sohn Jayden Optimus Prime (3) und das fünf Monate alte Töchterchen Xenia Caprice auf den Dachträger ihres tiefergelegten Fiat Doblo.

Sie findet lobende Worte für die neuen Sitze: „De Klanen taugt's ur! Kaum simma auf der Tangente, hör i's fast goa nimmer schreien. Und wenn ma a paar Minuten hinter an Lkw oder in an Tunnel foahn, schlafens jetzt immer ganz schnell ein, dank der frischen Luft", zeigt sich die passionierte Raucherin begeistert.

Auch Familienvater Justin (26) ist überzeugt: „Dem Jayden wird jo immer schlecht beim Autofoahn, und oft hot er sich scho nach der dritten Kurven angspieben. Früher hot die Jenny dann den gonzen Nochmittog Auto putzen müssen. Jetzt loss i die G'schrappn afoch am Doch und foahr mit eana in die Waschaunlog", freut er sich über die Zeitersparnis.

Politik reagiert
Obwohl das Gesetz erst wenige Tage in Kraft ist, will FPÖ-Gesundheitsministerin Hartinger-Klein das Rauchverbot im Auto wieder kippen: „Wie man am Beispiel dieses innovativen Kindersitzes sieht, wird ja kein Kind gezwungen, im Raucherbereich eines Pkw zu sitzen."

Bei dieser Gelegenheit möchte sie auch gleich gegen das Rauchverbot an Tankstellen vorgehen. „Im Dienste der Selbstbestimmung scheuen wir nicht davor zurück, auch die explosiven Themen anzugehen", so die Ministerin.

WELT   9. Mai 2018

Vertragskündigung: Trump seit Stunden in Warteschleife des iranischen Telefonsupports

Foto: Tagespresse

DIE**TAGESPRESSE**

Die Kündigung des Atomdeals mit dem Iran ist derzeit in Schwebe: Laut Berichten mehrerer TV-Sender hängt US-Präsident Donald Trump schon seit Stunden in der Warteschleife des Telefonsupports im iranischen Außenministerium. Mit einem Mitarbeiter konnte der US-Präsident bisher nicht sprechen.

Washington, D.C., USA – „Der Kündigungsprozess verläuft absolut reibungslos", erklärt Sprecherin Sarah Huckabee Sanders vor Journalisten ausgewählter Medien wie *Breitbart, Volksstürmer* und *Krone*. Die Pressekonferenz wird jedoch von mehreren erratischen Ausrufen aus dem Nebenzimmer wie „Was heißt das, alle Leitungen besetzt?!" unterbrochen.

Sollte Donald Trump aufgeben, bleibt der Vertrag in Kraft. Denn laut Abkommen kann eine Kündigung nur telefonisch via Kundenhotline und zu den Geschäftszeiten von Ostersonntag bis Ostermontag von 8 bis 8.30 Uhr (Ortszeit) ausgesprochen werden.

Die Farce ruft auch die Arbeiterkammer auf den Plan. „Da sieht man wieder: Vor Abschluss eines Abrüstungsvertrags sollte man die Kündigungsklauseln lieber zwei Mal durchlesen", warnt AK-Atomwaffenkonsumentenschützerin Petra Moser im Gespräch mit der **TAGESPRESSE.**

Kurz vor Redaktionsschluss hebt schließlich doch noch ein Mitarbeiter ab. Allerdings wird Trump eine Kündigung verweigert, da er weder seine neunstellige Kundennummer noch die letzten drei Stellen seines Passworts nennen kann.

Wurde ohne Magister-Titel aufgerufen: Patient nahm 20 Geiseln in Wiener Arztpraxis

Foto: HANS KLAUS TECHT / APA / picturedesk.com

Großeinsatz der Polizei in Wien-Josefstadt: Ein Mann wurde in der Ordination eines HNO-Arztes ohne seinen Magister-Titel aufgerufen. Bei dem Akademiker brannten die Sicherungen durch. Er nahm 20 Patienten als Geiseln und verschanzte sich stundenlang im Wartezimmer.

Der Einsatz gestaltete sich für die Exekutive äußerst schwierig: „Man hat diesem Mann seinen akademischen Titel weggenommen. Er hatte nichts mehr zu verlieren", erklärt Polizeisprecher Hofrat Kommissar Mag. Markus Berger, BA.

Der Geiselnehmer ist studierter Jurist und forderte die vollständige und korrekte Nennung seines Titels „Magister iuris" durch den HNO-Arzt. Für jede Minute, die er ohne seinen kostbaren Titel leben musste, drohte er, einer Geisel „etwas Schlimmes" anzutun und sie ebenfalls ohne Titel anzusprechen – ein Horrorszenario, das die Polizei unter allen Umständen vermeiden wollte.

Schwierige Situation

Der HNO-Arzt ist derzeit nicht fähig, mit Ermittlern zu sprechen, und wird psychologisch betreut. „Er macht sich schwere Vorwürfe, dass er den Juristen nicht sofort als gleichwertigen Menschen erkannt hat, sondern ihn wie den gewöhnlichen, titellosen Abschaum im Warte-zimmer behandelt hat", erklärt ein Psychologe die verfahrene Situation.

Erst nach Stunden konnten der durchgedrehte Akademiker zum Aufgeben überredet und die Geiseln befreit werden. Die Cobra hat dem Geiselnehmer einen MBA-Titel an einer renommierten Univer-sität gekauft und somit seine Titelgeilheit befriedigt.

Trend zum Home-Office: Immer mehr Profi-Fußballer arbeiten von daheim

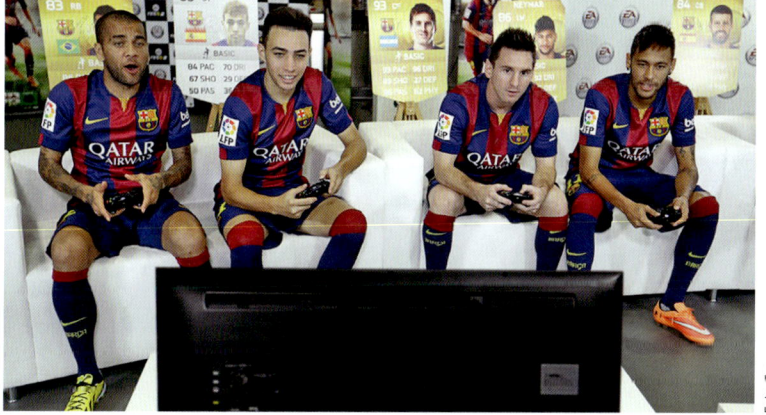

Foto: Tagespresse

Immer mehr Arbeitnehmer arbeiten von zu Hause aus, um eine bessere Work-Life-Balance zu schaffen. Stand diese Option bislang vor allem für klassische Bürojobs offen, so ist der Trend zur Telearbeit dank moderner Technik nun auch im Profifußball angekommen.

Wie dies im Arbeitsalltag funktioniert, erfahren wir bei Profi-Kicker Steffen Hofmann. Stolz führt er uns in sein Wohnzimmer, wo er sich auf der Couch seinen neuen Arbeitsplatz eingerichtet hat.

Zu Dienstbeginn loggt er sich in sein „Sony Home-Office-Terminal" ein und startet die Telearbeitssoftware „FIFA 18 – ÖFB-Edition", eine für den hiesigen Markt adaptierte Version des international beliebten Programms – ohne Zuschauer und ohne internationale Bewerbe, dafür mit regelmäßigen Platzstürmen von Ultras.

Höhere Lebensqualität

„Das mit dem Home-Office ist einfach leiwand! Keine Dienstreisen, keine schweißelnden Kollegen und vor allem keine ORF-Interviews mehr!", freut sich Steffen, während er wild auf seinem Controller herumdrückt.

Zwar fällt dem Mittelfeldspieler wegen fehlender Interviews mit Oliver Polzer die Erschwerniszulage weg. Diese finanziellen Einbußen seien ihm seine psychische Gesundheit aber wert, schildert er. Auch die Familie kann im Beruf jetzt mithelfen – so lässt sich Hofmann bei manchen Spielen von seinem siebenjährigen Sohn vertreten.

Das Mehr an Lebensqualität hat mittlerweile auch seine Lebensgefährtin zum Umstieg bewegt: Die hauptberufliche Sozialarbeiterin macht seit Kurzem Home-Office mit dem Programm „Die Sims", erzählt Steffen. „Es ist für sie eine extreme Erleichterung, weil ihr echte Menschen samt ihren Problemen schon immer ziemlich auf die Nerven gegangen sind."

Erfolgreicher Freihandel: Strache und Kern tauschen ihre Meinung zu CETA

Foto: APA/HERBERT NEUBAUER

So kann Freihandel funktionieren! FPÖ-Chef Heinz-Christian Strache und SPÖ-Chef Christian Kern haben ihre Meinungen zu CETA erfolgreich untereinander getauscht. Die SPÖ ist jetzt gegen das Freihandelsabkommen, die FPÖ dafür. Beobachter sprechen von einem Musterbeispiel für die Vorteile des Handels über alle Parteigrenzen hinweg.

Wien – „Das Abkommen mit Kanadaland ist ein logischer Schritt", erklärt Strache stolz. „Unsere Länder hatten immer schon viel gemeinsam: die rot-weiße Flagge, Braunbären, unzählige Hinterwäldler."

   Doch nicht jedes Freihandelsabkommen sei wünschenswert, so Strache. Den Anti-EU-Kurs will die FPÖ weiterhin fahren: „Wir wollen so schnell wie möglich aus dieser Grusel-EU raus und planen stattdessen den Anschluss an Kanadaland."

SPÖ erfreut

Auch Christian Kern ist mit dem Tauschhandel zufrieden: „Jetzt, wo wir unwichtig sind, hat unsere Meinung sowieso kein Gewicht mehr.

Es ist in Wirklichkeit völlig powidl, was wir denken, weil wir in der Opposition sind. Ich hab' gestern im Parlament die Abschaffung der Gewerkschaft gefordert, und keiner hat davon berichtet."

Studie belegt Vorteile
Die Industriellenvereinigung ist vom Deal begeistert. Um die Vorteile von CETA zu zeigen, präsentiert sie vor Journalisten im Palais Coburg eine neue Studie, die ein Forscher in Microsoft Paint 95 mit geschlossenen Augen durchgeführt hat.

Copyright: Industriellenvereinigung

Alle Journalisten klatschen euphorisch und veröffentlichen die Studie. Ein *Die Presse*-Journalist hyperventiliert vor Begeisterung und muss in die stabile Seitenlage gebracht werden.

FPÖ-Chef Strache schließt nach CETA weitere Kehrtwenden jedoch aus: „Ein HC dreht seine Position doch nicht mit dem Wind. Die FPÖ wird daher natürlich auch weiterhin für eine Verdreifachung der GIS-Gebühren eintreten."

ORF-Umfärbung: Das wird neu am Küniglberg

Foto: ORF/Hans Leitner

Der Wind am Küniglberg dreht sich: Mit Norbert Steger übernimmt ein FPÖ-Intimus den mächtigen Stiftungsrat. Wie äußert sich das in der zukünftigen Programmgestaltung? DiE TAGESPRESSE präsentiert eine Übersicht.

Adaptiertes Kinderprogramm

„Helmi" bringt den Kleinsten sichere Überholmanöver am Pannenstreifen bei Tempo 140 näher.

Foto: Tagespresse, Montage

In einer neuen „Tom Turbo"-Folge will Bösewicht Komm.-Rat Gruselglatz eine Schauspielergewerkschaft gründen. Er wird in letzter Sekunde von Tom Turbo mit dem turbotollen Trick 28 vor dem Arbeitsgericht gekündigt.

Neu im Programm: Der „Kickl-Contest". Talentierte Kinder singen die besten Songs aus dem Liederbuch der Burschenschaft Germania.

Neue Talk-Sendung

„Outside Brüssel": Das kritische Europamagazin mit EU-Bauer Manfred Tisal. Hochkarätige Live-Diskussionen aus dem Tankstellen-Café Erni in Villach.

„Willkommen Österreich" mit Zuwachs

Die beliebten Comedians Stermann & Grissemann werden verstärkt vom Wegscheider. Ohne Blatt vor dem Mund nimmt der freche *ServusTV*-Satiriker die Mächtigen des Landes auf die Schaufel (Flüchtlinge, Arme, Frauen etc.).

Foto: Tagespresse, Montage

Gaumenschmaus

Auch eine neue Kochsendung für bürgerliche Fans von Bundeskanzler Sebastian Kurz ist geplant: „Meine Mama kocht besser als deine, weil sie sich die teuren Zutaten vom Bio-Markt leisten kann und deine Mama arm ist, hahaha". Unterhaltung auf höchstem Niveau!

„Die große Chance der Flüchtlinge"

Ganz Österreich fiebert mit, wenn 10.000 Flüchtlinge aus Afghanistan, Syrien und Somalia um einen positiven Asylbescheid rittern. Jeden Freitag entscheiden die Juroren Wolfgang Sobotka, Herbert Kickl und Tassilo Wallentin, wer bleiben darf und für wen es heißt: Ab zurück ins Mittelmeer! Dem Gewinner winkt eine Karriere als Spargel-Erntehelfer im Marchfeld.

Foto: Tagespresse, Montage

„Bezaubernder Jeannée"

In dieser neuen, unterhaltsamen Comedy-Serie erscheint ein Geist aus der Weinflasche und überrascht sein Umfeld mit wirren, frauenfeindlichen Ratschlägen.

„MA 1941"

Eine chaotische Wiener Magist-
ratsabteilung muss bei der Arisie-
rung mithelfen. Der liebenswerte
Gauleiter Breitfuß kann nur mit
Mühe die Disziplin im Büro auf-
rechterhalten und sorgt mit seinem fanatischen Antisemitismus
für Lacher.

Foto: Tagespresse, Montage

„Leitkulturmontag"

Schluss mit entarteter Kunst! Die Kultursendung für den Patrioten
berichtet von der aufstrebenden Pop-Art-Künstlerin Tanja Playner,
die bisher nur in ihrem Freundes- und Verwandtenkreis bekannt
war, sowie von todesmutigen Störaktionen der „Identitären" bei
Theateraufführungen von Flüchtlingskindern.

POLITIK   18 Mai 2018

Macht Platz für Nachfolger: Leitl schafft ersten Arbeitsplatz seines Lebens

Foto: Georg Hochmuth / APA / picturedesk.com

Die Ära von WKO-Präsident Christoph Leitl endet mit einer Erfolgsmeldung: Durch seinen Abtritt schafft der Kammerfunktionär den ersten Arbeitsplatz seines Lebens. In den Genuss dieses persönlichen Meilensteins kommt Harald Mahrer, der Leitls Posten mit heutigem Tage übernimmt.

Wien – In einer festlichen Zeremonie übergibt der scheidende Präsident seinen Büroschlüssel und seinen Grinser an Harald Mahrer. „Ich habe mein ganzes Leben auf diesen Moment hingearbeitet und endlich einen Job geschaffen, der durchaus mit Arbeit verbunden ist", erklärt Leitl stolz im Kreis von Weggefährten und engen Freunden. „Mit diesem Erfolg steigt die Anzahl der durch die WKO geschaffenen Jobs mit einem Schlag um 100 Prozent."

Leitl übergibt Büroschlüssel und Grinser

Doch Harald Mahrer darf sich noch nicht auf seinen Lorbeeren ausruhen: Die ersten 36 Monate lang wird er lediglich über eine slowakische Leiharbeitsfirma für 900 Euro netto bei der WKO arbeiten – ein Zeichen für Leitls Kampf für mehr Bürokratie-Abbau.

Erstes Abtasten

Harald Mahrer, dem der Ruf vorauseilt, ein schwieriger Chef zu sein, will von Anfang an Wert auf gutes Einvernehmen mit seinen neuen Mitarbeitern legen: „Es gab auch schon ein erstes vorsichtiges Abtasten, ein Kennenlernen. Ich habe bereits allen meinen Sänftenträgern in vertraulichen Vier-Augen-Geschreien das Du-Wort angeordnet", erzählt der hippe Jungpolitiker vor Journalisten.

Mahrer will die WKO modernisieren und sich auf ihre ursprünglichen Werte zurückbesinnen: „In den vergangenen Jahren hat sich für Selbstständige viel verbessert", so der neue Präsident. „Wir werden diesen Kurs sofort wieder korrigieren."

Datenschutz-Verordnung: Nigerianischer Prinz will ab sofort kein Millionenerbe mehr via E-Mail verschenken

```
VON: prince.goodenus@gmail.com
AN:  ████████████████
DATUM: 23.05.2018 um 12:10
BETREFF: WICHTIGE MITTEILUNG

Die Sicherheit Ihrer persönli-
chen Daten ist mir wichtig!

Am 25. Mai 2018 tritt die neue
Datenschutzgrundverordnung in
Kraft. Darum benötige ich Ihre
erneute Zustimmung, damit ich
Ihnen weiterhin Informationen
und Angebote rund um mein
Millionen-Erbe zusenden darf.

KLICKEN SIE HIER, UM WEITER IN
KONTAKT ZU BLEIBEN.
```

Foto: Tagespresse. Montage

Wohin nur mit den vielen Millionen? Der nigerianische Prinz John Goodenus I. hat auf diese Frage keine Antwort. Denn mit Inkrafttreten der EU-Datenschutz-Grundverordnung darf er sein achtstelliges Erbe nicht mehr ungefragt via E-Mail anbieten – die Brüsseler Bürokraten machen seiner Großzügigkeit einen Strich durch die Rechnung.

Lagos – Die neue Datenschutz-Grundverordnung trifft ehrliche Philanthropen, die in der EU Geschäfte abwickeln wollen, besonders hart. Philanthropen wie Prinz John Goodenus I., der doch nur anderen Menschen eine Freude machen wollte.

„I live in fear. I don't wanna make error with Europe Union, when I send mail to my good friends. I am good prince", so Goodenus verzweifelt. „My late father gave me sum of USD 72,000,000 after he died in Cotonou, Republic of Benin. Money is now trapped in UBS bank account in Zurich, city of Swiss."

Potenzielle Erben aus Österreich sind wütend: „Seine Exzellenz Prinz Goodenus I. und wir standen kurz vor einem Deal. Jetzt haben wir 500.000 Euro Bearbeitungsgebühren umsonst ausgegeben", sagen die Geschädigten Walter M. und Karl-Heinz G. zerknirscht. Sie hatten bereits das Liechtensteiner Konto „Karin 2, diesmal klappt es hoffentlich" eingerichtet.

Neue Geschäfte

Nicht nur der Prinz aus Nigeria, sondern auch seine Klienten müssen sich jetzt neue Geschäftsfelder suchen. Doch für die Betroffenen Walter M. und Karl-Heinz G. geht es schon wieder aufwärts: Sie haben per E-Mail neue Angebote bekommen. Beide bauen jetzt von zu Hause aus Kugelschreiber zusammen und erwarten für Mai einen Gewinn von 15.000 Euro.

Für den Prinzen ist das jedoch nur ein schwacher Trost: „I just want to give you opportunity of money." Vor allem die Bürokratie in der EU versteht er nicht. Wenn er auch weiterhin keine Abnehmer für sein Erbe findet, sieht er für sich keinen anderen Ausweg, als die 72 Millionen US-Dollar anzuzünden.

Häupl-Abschied: Marienstatue im Stephansdom weint Spritzwein

Foto: SPÖ/Flickr

Für Aufregung sorgte heute Mittag eine weinende Marienstatue im Wiener Stephansdom. Eine erste Analyse durch Dompfarrer Toni Faber ergab, dass es sich bei den Tränen um Spritzwein handelt. Ist das eine Antwort des Himmels auf den Abschied von Michael Häupl?

Wien – „Ja, die Tränen bestehen zweifelsfrei aus einem Grünen Veltliner, Jahrgang 2016, aus dem Garten Eden, Südhang, gespritzt mit Soda", erklärt Faber, während er sich seine Schwimmkutte anzieht, um ein Bad im Weihwasser unter der Statue zu nehmen.

Das Ereignis sorgt für einen Ansturm – Tausende Menschen stehen vor der Statue Schlange. Pilger aus ganz Europa sind nach Wien unterwegs, um einen Schluck des heiligen Spritzweins zu ergattern.

Zeichen des Himmels

Doch die weinende Marienstatue war heute nicht das einzige mystische Ereignis in Wien: Auf den Baugründen des Krankenhaus Nord fing ein Dornenbusch spontan Feuer und das gesamte Gebäude

---

brannte ab. Außerdem erschien mehreren *Heute*-Lesern der heilige
Engel Werner in einem SPÖ-Inserat.

Keines dieser Vorkommnisse ist derzeit wissenschaftlich erklär-
bar. Auch die eilig herbeigerufenen Notfall-Energetiker des Wiener
Denkmalamtes stehen vor einem Rätsel. Die Behörden haben das
Gebiet um den Dom vorläufig mit einem Energieschutzring weit-
räumig abgesperrt.

DSGVO: Kickl fragt Rechtsextreme, ob sie auch weiterhin im Rechtsextremismus-Bericht genannt werden wollen

Foto: Photo Simonis / Parlament.gv.at

**Ab morgen ist die Datenschutz-Grundverordnung in Kraft. Um
keine EU-Gesetze zu brechen, geht Innenminister Herbert Kickl
auf Nummer sicher: In einer E-Mail fragt er alle Rechtsextremen,
ob sie auch weiterhin im Rechtsextremismus-Bericht genannt
werden wollen.**

„Liebe Rechtsextreme, liebe Nazis, liebe Kameraden! Euer Datenschutz ist mir wichtig", beginnt die E-Mail, die mehrere szenebekannte Nationalsozialisten heute in ihrem Posteingang vorfanden.

„Falls ihr auch weiterhin im Rechtsextremismus-Bericht aufscheinen wollt, bitte ich euch um schriftliche Erlaubnis – ganz formlos per notariell beglaubigter Urkunde."

Vorschrift ist Vorschrift

„Zusätzlich haben Rechtsextreme gemäß EU-Vorschrift das Anrecht, sich zu jedem Zeitpunkt alle über sie gesammelten Ermittlungsakten zuschicken oder diese gleich löschen zu lassen", erklärt Kickl, dem Datenschutz schon immer ein Anliegen war. „Seit Jahren fordern wir: Unsere Daten für unsere Leut'!"

Großer Anklang

Ein Lokalaugenschein im Ministerium zeigt, dass zur Stunde bereits Tausende Betroffene von Kickls Angebot Gebrauch machen. Innerhalb kürzester Zeit meldeten sich User mit Adress-Endungen wie @identitaere-bewegung.at, @reichsbuerger.ru, @echsenmenschenworld.tv und @fpoe.at sowie ferdinand.wegscheider@servus.tv, um ihre Daten löschen zu lassen.

Datenschutz Experten bezeichnen die Umsetzung der DSGVO als vorbildlich. Die Vorschrift soll jetzt auch auf andere Bereiche ausgeweitet werden. Schon bald können sich Bürger etwa auch aus dem Vorstrafenregister streichen lassen.

„Es reicht": Peter Pilz will eigene Liste gründen

Foto: Parlamentsdirektion / Bildagentur Zolles KG / Mike Ranz

Innenpolitischer Paukenschlag: Nach hitzigen Personaldebatten in seiner Heimatpartei zieht Peter Pilz die Konsequenzen. Er macht einen radikalen Schnitt und will künftig mit einer eigenen Bewegung antreten.

Wien · „Ja, es geht!" Mit diesen Worten eröffnet Peter Pilz heute seine Pressekonferenz für ausgewählte Journalisten, zu der alle Medien außer dem *Falter* geladen waren. Und er ließ gleich aufhorchen: „Ich werde meine eigene Liste gründen. Wir können kandidieren, wir trauen uns das zu."

Vorausgegangen sind diesem Schritt wochenlange parteiinterne Querelen: Pilz verlor seinen Platz auf der Bundesliste an Martha Bißmann. Diese zeigte sich nicht bereit, zugunsten von Pilz auf ihr Mandat zu verzichten. „Ich habe bis zuletzt auf eine Annäherung gehofft", so das Liste-Pilz-Urgestein, „aber mein Anwalt hat mir verboten, mich noch einmal jungen Frauen anzunähern."

Pilz verlässt deshalb mit sofortiger Wirkung seine politische Heimat und will bei der nächsten Nationalratswahl an der Spitze einer neuen Bewegung antreten, um auch am dritten, vierten und fünften Eurofighter-U-Ausschuss teilnehmen zu können.

Der Name seiner Liste steht noch nicht endgültig fest: Pilz schwankt zwischen „Team Pilz", „Bündnis Zukunft Pilz" und „Die Grünen".

Liste Pilz unbeeindruckt

Bei der Liste Pilz sieht man den Schritt gelassen: „Wir lassen uns nicht von unserem Kurs abbringen", so Klubobmann Peter Kolba zur **TAGESPRESSE**. „Wir machen so weiter wie bisher und werden uns auch in den nächsten Monaten mit voller Kraft mit uns selbst beschäftigen."

Niemand berichtet über Sozialabbau: Kurz zufrieden mit verdeckter Operation „Liste Pilz"

Foto: ROBERT JAEGER / APA / picturedesk.com

Mit großer Zufriedenheit nahm Bundeskanzler Sebastian Kurz heute einen Zwischenreport über den Verlauf der Geheimoperation „Liste Pilz" zur Kenntnis. Demnach laufe alles nach Plan – niemand interessiert sich mehr für die Kürzungen der letzten Wochen im Sozialstaat.

Wien – „Wir ziehen alle Register, damit die Wähler nicht checken, dass wir letzte Woche die Sozialleistungen für Familien mit Kindern massiv gekürzt haben", verrät der Leiter der Operation, Agent Serious Streeter.

„Unsere Mitarbeiter gehen an ihre Grenzen", erzählt er. Gernot Blümel etwa habe sich täglich in einen extrem heißen Schaumstoffanzug gezwängt und war vier Stunden lang in der Maske, um als frei erfundene Figur „Peter Kolba" die Liste Pilz zu sabotieren. Streeter bedankt sich aber auch bei Eva Glawischnig für ihre Rolle als „Martha Bißmann".

Die Operation ist minutiös vorbereitet. Sollte dennoch etwas schiefgehen, ist Kurz bereit, seine Geheimwaffe einzusetzen. Dann wird er Wolfgang Sobotka im Kellerverlies des Parlaments losketten und freilassen und ihn sodann vor die Haustüren aller Liste-Pilz-Abgeordneten defäkieren lassen.

Weitere Ablenkungen

Nächste Woche sind weitere Kürzungen im Sozialbereich geplant, von denen die Medien abgelenkt werden müssen. Das erbarmungslose Killerkommando „Julian Schmid" ist daher schon einsatzbereit und wartet auf den Befehl, sich in die Liste Pilz einzuschleusen. Streeter ist überzeugt: „Das wird der Jungpartei den Todesstoß versetzen."

Galerie: Mit diesen verzweifelten Methoden will Peter Pilz zurück ins Parlament

Peter Pilz will unbedingt ins Parlament zurückkehren, doch es will ihm bislang nicht gelingen. Jetzt werden seine Methoden immer verzweifelter. Hier ein Überblick seiner bisherigen Versuche.

Der Weg über die Kanalisation

Durch die Parlamentswäscherei einschmuggeln

Mithilfe eines Flugzeugs über dem Parlament abspringen

Er bedroht eine Security-Mitarbeiterin des Parlaments mit einer Einladung zum Abendessen

Endlich: Regierung sprengt Moschee am Karlsplatz

Die österreichische Regierung schließt sieben Moscheen – für Vizekanzler Heinz-Christian Strache ein persönlicher Sieg: Schon zwei Jahre lang führte er einen verbissenen Kampf gegen eine Moschee am Wiener Karlsplatz. Das muslimische Gotteshaus soll nun in einem symbolischen Akt gesprengt werden.

Wien – „Dieses Schandmal der Islamisierung mitten in Wien muss weg", erklärt Strache. „Jetzt ist es endlich so weit!" Unter Anwesenheit eines *Krone*-Fotografen hängt der Vizekanzler einer muslimischen Jesusstatue in der Moschee mehrere Sprengstoffstangen um.

Auch FPÖ-Politiker Harald Vilimsky freut sich. Er möchte den Anlass feiern und sich in der Moschee einschließen lassen, um die Sprengung hautnah von innen zu erleben.

Effektiv

Die Maßnahmen gegen Moscheen zeigen laut Innenministerium bereits enorme Wirkung: In den vergangenen Stunden sei in ganz

Österreich kein einziger islamistischer Terroranschlag registriert worden, sagt ein Polizeisprecher.

Auch Augenzeuge Manfred H. (58) ist euphorisch. „Endlich is die Karlsmoschee weg, die war ja ned zum Anschauen. Was mir auch noch ein Dorn im Aug is, is dieses scheiß Donauturm-Minarett. Bitte auch schleunigst sprengen, danke!"

Thront hoch über Wien: das Donauturm-Minarett.

Weitere Schritte

Insidern zufolge plant die Regierung weitere Schritte im Kampf gegen die Islamisierung: Neben der Abschaffung von arabischen Ziffern stehen auch Kaffeehäuser und Algebra auf der Abschussliste. „Muslimische Mathematik muss raus aus dem Lehrplan", sind sich Kurz und Strache einig. Stattdessen soll in Schulen zukünftig wieder traditionell mit dem Abakus gerechnet werden.

Kann er den irren Diktator bändigen? Ganze Welt hofft auf Kim Jong-un

Foto: Tagespresse, Montage

Die ganze Welt blickt morgen nach Singapur, wo Nordkoreas Staatsoberhaupt Kim Jong-un auf US-Präsident Donald Trump trifft. Beobachter sind gespannt: Wird es dem charismatischen Jungpolitiker gelingen, den irren Diktator aus den USA in die Schranken zu weisen?

Singapur – „Wissen Sie", sagt Kim Jong-un und lehnt sich in der Hotellobby in seinen Stuhl zurück, „man fragt mich oft: Kim, warum tust du dir das an? Aber ich will diesen imperialistischen Kriegstreiber stoppen – für uns alle!" Unter dem Beifall der Menge lässt Kim Jong-un eine Friedenstaube aus dem Ärmel seiner Uniform fliegen.

Der nordkoreanische Präsident warnt: „Trump hat die Bombe; er beseitigt Vertraute, die ihm nicht passen. So jemand an den Schalthebeln der Macht ist nicht nur eine Gefahr für den Westen, sondern für unsere ganze schöne Mutter Erde. Was für eine Welt wollen wir unseren Kindern hinterlassen?"

Dramatische Lage

Seit Jahren prangern Aktivisten die humanitäre Situation in den USA an. Dissidenten, denen die Flucht nach Mexiko gelang, sprechen von katastrophalen Zuständen: Es gibt keine Gesundheitsversorgung, eine unkontrollierbare Bande („Polizei") zieht willkürlich mordend durchs Land, die kritische Presse wurde mundtot gemacht.

Fingerspitzengefühl

Kim Jong-un steht vor seiner bislang schwierigsten Aufgabe. Die explosive Lage erfordert diplomatisches Fingerspitzengefühl. Ein gemeinsames Golfspiel wurde vorsorglich bereits abgesagt. Denn Trump gilt als schlechter Verlierer – und Kim Jong-un ist bekannt dafür, alle 18 Löcher mit insgesamt nur sieben Schlägen zu absolvieren.

POLITIK   13. Juni 2018

Schwere Unwetter: Kickl schickt Flusspferde

Foto: Michael Lucan/CC-BY-SA 3.0, Montage

Nach den schweren Unwettern in weiten Teilen Österreichs können Betroffene aufatmen: Innenminister Herbert Kickl schickte heute mehrere Flusspferde, welche die Schäden an der Infrastruktur beseitigen sollen.

„Flusspferde sind sehr zutrauliche und liebe Tiere, aber auch hochintelligent und einfühlsam", sagt Kickl auf einer Pressekonferenz.

Noch diese Woche sollen sie Tausende Tonnen entwurzelte Pflanzen fressen, mehrere Bahnstrecken wiederherstellen und ein defektes Kraftwerk zurück ans Netz bringen. Anwohnern rät Kickl, bei Sichtung eines Flusspferds wegzuschwimmen oder sich tot zu stellen: „Dann passiert Ihnen wahrscheinlich nichts." Die Tiere, die bis zu 50 km/h schnell laufen können, gelten als gutmütig, solange sie sich nicht provoziert fühlen, hungrig sind oder einfach einen schlechten Tag haben.

Hohe Kosten

Kritiker werfen dem FPÖ-Minister vor, mit seinem Pferdeprojekt nur Steuergeld zu verschwenden. Für Aufregung sorgte auch die Anschaffung eines privaten Dienstponys für Kickl auf Steuerkosten, mit dem er zu wichtigen Terminen reitet. „Dies ist notwendig, um Verhandlungspartnern zu imponieren", wehrt sich der Politiker.

Auf die bereits fertig ausgebildeten und einsatzbereiten Lipizzaner will der Minister trotz Kritik an den Kosten nicht zurückgreifen: „Was fangen wir mit denen an? Im Innenministerium können wir nur dunkelhäutige Pferde gebrauchen."

Für die Kleinsten: Neues WKO-Video zeigt glückliche Teletubbies beim 12-Stunden-Tag

Foto: Tagespresse, Montage

**Die Wirtschaftskammer will jetzt auch die Kleinsten davon über-
zeugen, dass der 12-Stunden-Tag total cool ist. In einem eigens
mit Mitgliedsbeiträgen produzierten Video zeigen die beliebten
Teletubbies die Vorteile des neuen Arbeitszeitgesetzes.**

Wien – „Ah-oh! Tinky-Winky geht es gut, wenn er zwölf Stunden
hackeln tut", singt WKO-Chef Harald Mahrer im Kostüm von Dipsy,
während er den weinenden Tinky-Winky mit einer Peitsche an-
treibt. Tinky-Winky bricht blutüberströmt zusammen.

Ein Kontrolleur der Krankenkasse stellt allerdings fest, dass die
Verletzung keinen Krankenstand rechtfertigt, und schickt Tinky-
Winky zurück ans Fließband. „Wenn Tinky-Winky nicht hackeln tut,
dann fließt leider Blut, oh-oh", sagt das Mahrer-Tubby und schaut
traurig in die Kamera.

Foto: Tagespresse, Montage

*Mahrer in seiner
Rolle als Dipsy*

Über der surrealen Gartenlandschaft schwebt Sebastian Kurz als Sonne. Er lacht fröhlich, sobald eines der Teletubbies ausgebeutet wird. Laa-Laa ist in der aktuellen Folge leider nicht dabei – sie ist durch die hohe Arbeitsbelastung suizidal geworden.

Foto: Tagespresse, Montage

Arbeitsscheuer Staubsauger

Doch dann ein Zwischenfall: Staubsauger Noo-Noo wird von Po dabei erwischt, wie er sich weigert, völlig freiwillig zwölf Stunden lang im Büro zu bleiben. Der arbeitsscheue Simulant wird von Po hochkant aus dem Teletubbies-Haus geworfen. Noo-Noo muss in den nächsten Folgen als Obdachloser leben.

Die „WKO-Teletubbies" werden ab sofort täglich im ORF-Kinderprogramm ausgestrahlt, direkt vor der „Gummibären-Bande powered by Red Bull", der Sendung „Als die Tiere den Wald rodeten" und der neuen Produktion „Tom Turbokapitalismus".

WM manipuliert? Mählich entdeckt bei Analyse geheime Botschaft der Illuminaten

Foto: ORF TVThek Screenshot

Für Aufsehen sorgte heute ORF-Experte Roman Mählich nach dem WM-Spiel Kolumbien gegen Japan: In seiner Analyse entdeckte er Geheimbotschaften der Illuminaten. Der Fund wirft die Frage auf: Ist die WM komplett manipuliert?

„Und hier in der 62. Minute sehen wir, wie das Mittelfeld der Japaner ein klassisches Auge der Vorsehung formt", so Mählich. „Hier kann man natürlich nur spekulieren, was uns die Illuminaten mitteilen wollen. Werden die Japaner die WM gewinnen? Ist Rainer Pariasek ein Echsenmensch? Beide Male ein klares Ja."

Co-Experte Herbert Prohaska zeigte sich nicht überrascht und berichtete von weiteren Aktionen der Illuminaten: „Vorgestern bin i durchgefallen bei meinem ORF-Prüfung für Deutsch auf A1-Niveau, obwohl i gelernt habem wie einem Wahnsinnigem. Des woan sicher a dem Illuminatem."

Der Pressesprecher der Illuminaten streitet allerdings jede Manipulation des Turniers vehement ab: „Das ist ein völliger konspirativer

Humbug. Wir haben gar nicht die Mittel, um so etwas Komplexes wie ein Spielergebnis zu beeinflussen. Wir manipulieren aktuell nur das Finanzsystem, globale Krisenherde und die ZIB-Berichte über Norbert Hofer."

Krankenstand: Simulieren ist eine Beleidigung Gottes – ein Gastkommentar von Kardinal Schönborn

Foto: GuentherZ / CC BY 3.0, Montage

Viel wird dieser Tage gesprochen über die Verschärfung der Krankenstandskontrollen. Ein wichtiges Thema: Auf der einen Seite stehen die berechtigten Ansprüche der Firmenchefs auf gesunde, fröhliche Mitarbeiter, auf der anderen Seite der berechtigte Zorn über schwarze Schafe und Simulanten. Viele fragen sich nun selbstkritisch: Bin auch ich so ein schwarzes Schaf? Wie oft jammere ich über meine Wehwehchen? Geht es den Menschen in Dritte-Welt-Ländern wie dem Kongo oder dem Burgenland nicht viel schlechter als mir?

In der Bibel steht: Gebt dem Chef, was des Chefs ist. Die Bibel, das ist dieses dicke, goldene Buch, in dem ich immer blättere, wenn ich nicht mehr weiterweiß. In der Bibel finden wir etwa die Geschichte von Jesus. Jesus hätte allen Grund gehabt, in den Krankenstand zu gehen: Er hing am Kreuz, war schwer verletzt, praktisch tot. Aber Jesus hat sich zusammengerissen und ist einfach vom Kreuz herabgestiegen, um mit frischer Energie an seinen Arbeitsplatz zurückzukehren. Bis heute führt er unsere Mutter Kirche – ein CEO der Liebe.

Eine Sache der Einstellung
Positives Arbeitsethos begegnet uns an vielen Orten. Wir Priester haben es leicht, wir brauchen keinen Amtsarzt. Es ist Gott, der uns auf Schritt und Tritt beobachtet. Wenn wir blaumachen, um vom Krankenbett aus die WM zu verfolgen, dann gibt Er uns Saures. Unter sieben Plagen kommen wir da nicht weg! Denn auch der liebe Gott hat Rechte. Er hat uns die gesamte Schöpfung geschenkt, vollkommen gratis. Da kann man ruhig dankbar sein.

Vergessen wir nicht: Krankheit ist immer Auslegungssache. Ein Schnupfen, eine Grippe, eine verschleppte Homosexualität – für viele Menschen ein Grund, krankzufeiern und den Herrgott einen guten Mann sein zu lassen. Für andere Ansporn, noch besser zu werden. Hier braucht es ein kluges Abwägen, ein Für und Wider – oder wie wir Christen sagen: Yin und Yang.

An Gottes Segen ist alles gelegen. An uns Menschen aber liegt es, die Wirtschaft nach vorne zu bringen. Auch ich sage darum heute „Danke": Danke an meinen Arbeitgeber, Frau Eva Dichand. Deus Gratisblatt!

Christoph Schönborn ist Kolumnist und lebt in Wien. In seiner Freizeit engagiert er sich bei der Katholischen Kirche als Kardinal.

Der TAGESPRESSE Herbert-Kickl-Starschnitt in Originalgröße

Foto: BMI / Alexander Tuma

Überraschungs-Act: WKO-Band ist Headliner am Donauinselfest

Foto: Donauinselfest / Andreas Jakwerth, Montage

Ganz Österreich trällert den Sommerhit 2018 „Willkommen in der neuen Welt der Arbeit"! Nun überrascht die WKO-Band – schon jetzt der Newcomer des Jahres – mit einem Auftritt als Headliner beim Donauinselfest. Sie tritt direkt nach ihrer Vorband Wanda auf.

Die WKO-Band verspricht eine spektakuläre Bühnenshow: Sie wird mit 3D-Hologrammen auftreten, umgeben von einem avantgardistischen Bühnenbild von André Heller. Die Kosten von 54 Millionen Euro werden durch WKO-Mitgliedsbeiträge gedeckt.

Wanda wird die Fans auf den Abend einstimmen, mit adaptierten Songs wie „Schickt mir die Post schon ins Büro" oder „Stehengelassene Craftbeerflaschen". Leadsänger Marco Wanda freut sich: „Wahnsinn, dass wir die Vorband sein dürfen. Auf so einen Moment arbeitest du deine ganze Karriere lang hin."

Nach dem WKO-Konzert steht ein 12-stündiges DJ-Set von Harald „Pepps" Mahrer b2b Gernot „K-Hole" Blümel am Programm. Szene-Insider warnen jedoch: Derzeit befinden sich extrem hoch dosierte Ecstasy-Pillen mit dem Gesicht von Christoph Leitl im Umlauf. Ein

„Checkit!"-Drogenexperte sagt: „Beim Konsum der Christoph-Leitl-Pillen drohen stundenlange Kiefersperren. Finger weg!"

Ein ganzes Land ist in Ekstase. Offenbar ist der Wirtschaftskammer mit ihrem Song zum 12-Stunden-Tag ein veritabler Coup gelungen. Fans auf der Donauinsel wie die 24-jährige Clara-Sophie sind begeistert: „Jetzt kann ich bei der Zerstörung der Arbeitnehmerrechte mitsingen. Echt leiwand!"

WELT   25. Juni 2018

Nach Sieg: Erdoğan bittet Kurz, vor nächster Wahl Moscheen wieder vier Tage lang zu schließen

Foto: ROBERT JAEGER / APA / picturedesk.com, Montage

Der türkische Premier Recep Tayyip Erdoğan geht siegreich aus den Parlamentswahlen in der Türkei hervor. Sein Parteienbündnis erreicht 52 Prozent – auch dank Hilfe aus Österreich: Unter Austrotürken erreichte Erdoğan sogar 72 Prozent. Jetzt zeigt er sich dankbar gegenüber Bundeskanzler Sebastian Kurz und bittet ihn, beim nächsten Mal wieder zwei Wochen vor dem Urnengang einige Moscheen zu schließen.

Ankara – „Diese schallende osmanische Ohrfeige wäre nicht möglich gewesen ohne dich, lieber Sebastian", so Erdoğan bei der Siegesfeier. „Ich zähle auf dich, dass du auch nächstes Mal zwei Wochen vor dem Wahltermin medienwirksam sieben Gebetsräume schließt und sie vier Tage später wieder aufsperrst, um meine Wähler verlässlich zu mobilisieren."

Erdoğan will nun zu Ehren des österreichischen Kanzlers ein Gefängnis für Journalisten nach ihm benennen. Die „Sebastian-Kurz-Message-Control-Justizanstalt" soll noch dieses Jahr in Ankara entstehen. Außerdem verspricht er, zwei Wochen vor der nächsten österreichischen Nationalratswahl beide Kirchen in der Türkei zu schließen und ihre Pfarrer auszuweisen.

Politologe Peter Filzmaier ist über die hohe Zustimmung der Austrotürken für einen autoritären Herrscher, der das Land Schritt für Schritt in eine Diktatur umbaut, nicht überrascht: „Sie sehen die positiven Vorgänge in ihrer Heimat und wünschen sich dasselbe für die Türkei."

Kurz freute sich über das Lob seines Kollegen und nahm bereits die Einladung an, sein nächstes Kanzlerfest im Palast von Erdoğan zu veranstalten.

Junge, gewaltbereite Männer im Anmarsch: Kroatien schließt Balkanroute vor Maturareisen

Foto: Summersplash

Die Bilder der letzten Jahre haben sich ins kollektive Gedächtnis Kroatiens eingebrannt: Tausende gewaltbereite junge Männer aus Österreich stehen an der Grenze, um die kroatischen Strände zu stürmen. Dieses Jahr soll es jedoch erst gar nicht so weit kommen: Kroatien schließt die Balkanroute, um die testosterongeladenen Horden heuer aufzuhalten.

„Die Ohnmacht der Behörden wird sich nicht wiederholen", erklärt der kroatische Innenminister Davor Božinović, während er symbolisch den Grenzschranken zu Slowenien schließt. Auf den Tag genau vor einem Jahr war ebendieser Grenzübergang Schauplatz dramatischer Szenen, als Tausende schwer betrunkene, sexhungrige junge Männer aus Österreich wütend Einlass forderten.

Entgegen den Protesten von NGOs wollen die Behörden auch Partyboote am Anlegen hindern. Drei Schiffe voller verzweifelter Maturanten der HTL Mödling mussten bereits nach Jesolo umgeleitet werden.

Bevölkerung verunsichert

„Am schlimmsten sind die überheblichen Wiener Schnösel-Gymnasiasten beim ‚X-Jam‘“, sagt ein Kellner aus einem Urlaubsort in Kroatien. „Ich habe noch nie Menschen mit dermaßen wenig Ehre gesehen. Sie sollen daheimbleiben und dort am Neusiedler See betrunken Jetski fahren, aber nicht bei uns!“

UNO besorgt

„Kein Staat will diese jungen Männer aufnehmen“, ist die UN-Beauftragte für Realitätsflüchtlinge, Cindy Miller, besorgt. „Sie verfügen nur über eine österreichische Matura und sind damit am Arbeitsmarkt völlig unvermittelbar – außer natürlich sie haben reiche Eltern.“ In UN-Zelten an der slowenischen Grenze sollen jetzt gestrandete Jugendliche notdürftig mit Bacardi-Cola und Musik von Yung Hurn aus Bose SoundLinks versorgt werden. Doch ob das ausreicht, um die Massen zu befrieden, wird angezweifelt.

POLITIK   27. Juni 2018

Nächste Großübung: Kickl lässt Schlacht um Helms Klamm nachspielen

Foto: Tagespresse, Montage

Nur einen Tag nach der spektakulären Flüchtlingsshow am Grenzübergang Spielfeld führt Innenminister Herbert Kickl bereits die nächste Zurschaustellung der österreichischen Wehrhaftigkeit durch: Vor zahlreichen Journalisten spielen Hunderte Polizisten und Laiendarsteller die Schlacht um Helms Klamm nach. Mit dieser Referenz auf J. R. R. Tolkiens „Der Herr der Ringe" will Kickl zeigen: Österreich ist für wirklich alle Eventualitäten gerüstet.

„Dieses Bedrohungsszenario ist keineswegs weit hergeholt", will Co-Veranstalter Mario Kunasek mögliche Kritik entkräften. „Aus zuverlässigen Quellen wie *Unzensuriert.at* oder *Krone.at* wissen wir, dass bereits jetzt Zehntausende Orks, Uruk-hai und Trolle über die Mittelerdroute auf dem Weg zu uns sind. Mit dem Ferienbeginn in Deutschland wird sich der Ansturm noch erheblich verstärken."

Die Stimmung bei den über 10.000 Laiendarstellern ist kurz vor Beginn der Vorstellung gut: „Das Türl mit Seitenteilen werd' ma in Nullkommanix einnehmen!", zeigt sich der 58-jährige Feind-Darsteller Werner F. aus Wien-Liesing motiviert und freut sich, dass er sich hier als Ork ein paar Euro dazuverdienen kann.

Startschuss
Dann ertönt ein Horn; die Schlacht beginnt. Tausende Feinde stürmen mit lautem Gebrüll auf die Grenzstation zu. Unter der Führung des kampferprobten Helden HC Streicher soll die Festung verteidigt werden. Der blauäugige Elbenprinz Gudenulas schmeißt im Sekundentakt Nebelgranaten über die Mauer, während der grimmige Zwerg Gimlinsky verzweifelt versucht, das Haupttor mit einem Taser zu verteidigen.

Dramatische Wendung
Die Übermacht ist zu groß, die Schlacht scheint verloren. Doch plötzlich erhellt ein Lichtschein den Horizont: Niemand Geringerer als Minister Kickl selbst erscheint mit wehendem Burstenschnitt auf einem um 8000 Euro geleasten Lipizzaner und führt eine Spezialeinheit aus 2000 berittenen Rohirrim auf die Ork-Armee zu.

Foto: Tagespresse, Montage

Die Rettungsaktion scheitert letztendlich am Tempo: Aus Mangel an qualifizierten inländischen Pferden mussten alle Rohirrim-Darsteller mit braunen Kokosnusshälften ausgestattet werden. Dennoch beweist die Machtdemonstration des Innenministers: Die Österreicher können sich in ihrem Land vor Orks, Trollen und Flüchtlingen sicher fühlen.

LEBEN   28. Juni 2018

Heute in 25 Jahren: Die Schlagzeilen der Zukunft

Was bewegt die Welt am 28. Juni 2043? Wir werfen einen Blick auf die Schlagzeilen der Zukunft.

Unfall auf Alm: Selbstfahrende Kuh verletzt deutschen Touristen

Unglaublich! Fußballzwerg Deutschland erreicht erstmals seit fast 30 Jahren Achtelfinale einer WM

Alle Mitglieder verloren: SPÖ wechselt Geschäftsform von Partei zu Einzelunternehmen

Um ihre Spielschulden zu begleichen: Eva Glawischnig heiratet Lotto-Millionär Boris Becker

„Hab den ur neuen Stil!": ÖVP-Nachwuchshoffnung Justin Pröll (17) stürzt Altkanzler Sebastian Kurz

Foto: Tagespresse, Montage

1700 Meter hoher Lagerhausturm: ÖVP eröffnet in Hollabrunn höchstes Gebäude der Welt

Nach erfolgreicher Klonung: Jörg Haider wird Kärntner Landeshauptmann

„We are unstoppable!": Burschenschaft Inzestius gewinnt Song Contest für Ostmark

Wetterkapriolen: Abgehende Lawinen vom Kahlenberg töten alle Blauwale in Donau

18-Stunden-Tag: Ex-WKO-Chef Harald Mahrer stirbt als Maurer an Herzinfarkt

Zum 65. Jubiläum: Bundespräsident Hans Krankl weiht 20 Meter hohe Cordoba-Statue am Wiener Cordobaplatz ein

Norbert-Hofer-Dekrete rückgängig gemacht: Ab sofort keine Roaming-Gebühren mehr zwischen Bundesländern

Größtes Konzert aller Zeiten: WKO-Band spielt in Moskau vor 1,7 Millionen Fans

Alle Akten geliefert: BVT-U-Ausschuss kann endlich beginnen

Geste des guten Willens: Donald Trump lässt vor Besuch durch nordkoreanischen Bundeskanzler politische Gefangene frei

Craftbeer-Milliardär macht Jungunternehmern Mut: „Habe damals mit 60.000 Euro begonnen"

Neue Folgen der Erfolgsserie: ORF-Generaldirektor Ferdinand Wegscheider präsentiert 10. Staffel von „SOKO Reiterstaffel"

Vier Meter langes iPhone XXXVI bricht alle Verkaufsrekorde

Fahrgäste verärgert: WLAN in ÖBB-Teleportern funktioniert kaum

Neo-Intendantin Tanja Playner verspricht „buntes Programm" bei Wiener Festwochen

Endlich wieder Vernunft an der Macht: Cracksüchtiger Holocaust-leugner gewinnt US-Wahl

Pflegeroboter belästigt: Peter Pilz verliert Platz im Altersheim

Hinweis: 2617. Verhandlungstag zur Causa BUWOG heute im diepressekurierderstandard.at-Liveticker

Meinungsverbot für ORF-Mitarbeiter: Helmi rät Kindern, bei Grün oder Rot über Straße zu gehen

Foto: Hans Leitner/ORF

Die neuen Richtlinien für ORF-Mitarbeiter sorgen für Aufregung: Wegen des Meinungsverbots durfte sich ORF-Star Helmi in seiner heutigen Sendung nicht festlegen, wie sich Kinder vor einer Fußgängerampel verhalten sollen. Kritiker fragen jetzt: Gehen die ORF-Richtlinien zu weit?

Küniglberg – „Liebe Kinder, aufgepasst! Wenn ihr eine rote Ampel seht, könnt ihr entweder stehen bleiben oder auch drübergehen, scheißegal", so Helmi. „Aufgrund der aktuellen Richtlinien für ORF-Mitarbeiter ist es mir derzeit nicht möglich, Farbe zu bekennen und mich auf eine Seite festzulegen."

ORF-Generaldirektor Alexander Wrabetz ist erfreut: „Ich habe die neue Helmi-Sendung zum Teil in der TVthek nachgesehen. Sehr gut! Ich bin nur leider mittendrin eingenickt – ich war ermattet vom ganztägigen Speichellecken bei der Regierung."

Die Helmi-Signation wurde auf „Augen auf, Ohren auf oder Augen zu, Ohren zu – wir sind objektiv" geändert, um nach außen hin absolute Neutralität zu wahren. Am Ende der Sendung ist 15 Minuten lang ein Standbild von Verkehrsminister Norbert Hofer zu sehen, weil er Verkehrsminister ist.

Chaos

Auch andere Produktionen sind von der Richtlinie betroffen: In der letzten Folge von „SOKO Donau" mussten die Ermittler einen überführten Doppelmörder laufen lassen. Und bei der WM-Analyse wollten sich die ORF-Experten Herbert Prohaska und Roman Mählich nicht festlegen, wer beim gestrigen 1:0-Sieg Belgiens über England eigentlich gewonnen hatte.

Dennoch bestreitet Wrabetz, mit der Richtlinie über die Stränge geschlagen zu haben: „Das ist sicher kein vorauseilender Gehorsam", sagt er, während er am Gürtel vor einer grünen Ampel stehen bleibt und einen 14 Kilometer langen Stau auslöst.

Von wegen wirkungslos: Homöopath bekam nach jahrelangem Globuli- Konsum Diabetes

Foto: Depositphotos

Der langjährige Streit um die Wirkung von homöopathischen Medikamenten scheint entschieden: Einem Wiener Homöopathen gelang der erste Nachweis für die Wirksamkeit von Globuli. Er erlitt nach jahrelangem exzessivem Konsum der zucker- haltigen Kügelchen Diabetes mellitus Typ 2. Damit sind alle Vorwürfe, Globuli würden keinerlei Effekt erzielen, entkräftet.

Wien – Stolz zeigt Homöopath Ernst Gruber (45) der **TAGESPRESSE** seine Blutzuckerwerte – als Belege einer medizinischen Sensation: „Ich habe mit meinem täglichen Konsum von 14 Flaschen Globuli endlich auch den letzten Kritiker zum Schweigen gebracht. Meine ru- inierte Bauchspeicheldrüse ist Zeugnis der Kraft der Homöopathie."

Auch in seiner Praxis setzt Ernst Gruber auf die Naturheilme- thode: „Egal, ob meine Patienten mit einem Knoten in der Brust oder schwerer Atemnot zu mir kommen: Für den Anfang empfehle ich immer den schonenden Weg", sagt Gruber, während er versucht, seinen aktuellen Blutzuckerspiegel von 614 mg/dl mit drei Esslöffeln

Globuli zu senken. „Allen Patienten, die meine Behandlung überlebt haben, geht es heute wunderbar!"

Revolutionär

Die Entdeckung verändert die Medizin: Sogar bei Rettungseinsätzen sollen jetzt homöopathische Konzepte zur Anwendung kommen. Bei Herzdruckmassagen an bewusstlosen Patienten werden Sanitäter künftig nicht mehr 100-mal pro Minute pumpen, sondern – gemäß dem Gesetz der Potenzierung – nur mehr ein Mal morgens und ein Mal abends.

Ernst Gruber bleibt trotz seines Erfolgs bescheiden. Profitable Angebote von großen Pharmaunternehmen lehnt er ab: „Alles, was ich zum Leben brauche, ist meine Praxis sowie meine neue Produktlinie: ‚Ernst Gruber Natur-Heilmittel' – jetzt überall erhältlich! Wirkt vielleicht auch bei Krebs!"

3. Juli 2018

„12-Stunden-Tag schafft Arbeitsplätze": Kurz verspricht neue Burn-out-Kliniken

Foto: Dragan Tatic/BKA, Depositphotos, Montage

Allen Unkenrufen zum Trotz hält die österreichische Regierung am 12-Stunden-Tag fest. Bundeskanzler Sebastian Kurz betont die positive Wirkung auf die Wirtschaft und verspricht neue Arbeitsplätze – vor allem in Burn-out-Kliniken, Psychiatrien und Krankenhäusern.

Wien – Experten rechnen nach der Einführung des 12-Stunden-Tags mit einem regelrechten Wirtschaftswunder. Denn Tausende zusätzliche Burn-out-Patienten erhöhen den Bedarf an hochmodernen medizinischen Einrichtungen. „Wir wollen hier die Synergien optimal nutzen", verspricht Kurz.

Seit dieser Woche werden pragmatisierte Postler zu Psychoanalytikern umgeschult. Auch in den Segmenten Strickverkauf, Bestattungen und Grabsteinerzeugung sieht Kurz „große Wachstumsschübe" auf Österreich zukommen.

Selbstversuch

Um die Werbetrommel für die umstrittene Maßnahme zu rühren, unterzieht sich Kurz einem waghalsigen Selbstversuch: Er will einen 12-Stunden-Tag über sich ergehen lassen. „Das ist länger, als ich je in einem richtigen Job gearbeitet hab", betont er.

Um 7.00 Uhr taucht der Kanzler im Slimfit-Anzug auf einer Großbaustelle in Wien auf. Sogleich beginnt er damit, gut funktionierende Strukturen einzureißen. Seine Beliebtheitswerte bei den anderen Bauarbeitern steigen rasant. Doch kurz vor der Pause um 8.45 Uhr erleidet er ein schweres Burn-out während des Versuchs, sich beim Billa selbst eine Wurstsemmel zu bestellen.

ÖVP distanziert sich

In der Regierung wird der Krankenstand von Kurz bereits durch Interimskanzler Gernot Blümel kompensiert. Dieser distanziert sich vom „arbeitsscheuen Raunzer" Kurz: „Wer nicht arbeitet und nicht einzahlt, der braucht uns nicht auf der Gucci-Tasche zu liegen."

Ein Krankenstandskontrollor wird den angeblichen Sozialfall gleich morgen an seiner letzten bekannten Meldeadresse, der VIP-Lounge in der Wiener Clubdiskothek „Volksgarten", aufsuchen.

Neue Drogenstudie warnt:
Immer mehr Teenager sind uncool

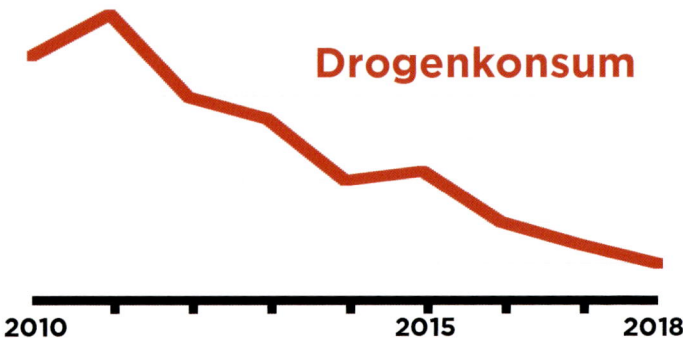

Drogenkonsum

2010   2015   2018

Foto: Tagespresse

Ein erschreckendes Ergebnis zeichnet eine heute veröffentlichte Drogenstudie. Der Rückgang beim Konsum harter Drogen unter österreichischen Jugendlichen alarmiert Experten. Sie warnen: Immer mehr Teenager sind anscheinend ziemlich bis komplett uncool.

„Seit Jahren geht etwa der Heroinkonsum bei den 13- bis 19-Jährigen zurück", erklärt Jugendforscher Wilhelm Trabler (57). „Ich kenne Lehrer, die berichten von ganzen Jahrgängen, in denen es kein einziges wirklich cooles Kind mehr in der Klasse gibt. Teilweise sitzen bis hinten in die letzte Reihe nur noch Streber."

Der Drogenkonsum sei, so Trabler, absolut nicht mehr zu vergleichen mit den goldenen Neunzigerjahren: „Damals hieß es: Wer sich an die Matura erinnern kann, der hat sie nicht erlebt."

Eltern besorgt

Viele Eltern sind besorgt und zeichnen das horrende Schreckensbild einer extrem uncoolen Generation. „Unser Bub gibt sein ganzes

Taschengeld für schwarze afghanische Chia-Samen und rote libanesische Kakifrüchte aus", ist ein anonymer Vater entsetzt.

„Am Wochenende sperrt er sich dann mit seinen Freunden im Zimmer ein. Sie drehen die Musik voll auf, damit niemand hört, was sie gerade für ein Start-up gründen … In meinen Augen sind das keine Teenager, sondern Monster!"

Politik ignoriert Problem

Von der Politik dürfe man sich in nächster Zeit kaum Hilfe erwarten, meint Experte Trabler: „Ich sag einmal so: Ein Kanzler, der sogar eine Frucade wegwirft, wenn sie zu lange in der Sonne gestanden ist, weil er Angst hat, sie beginnt zu gären, der wird demnächst eher keine Coolheitsoffensive an Schulen forcieren."

Die Jugend von heute – clean, gesund, motiviert. Eine verlorene Generation.

40 Kilometer lang nichts bemerkt: Selbstfahrendes Auto vergisst Familie bei Raststation

Foto: Depositphotos

Ein peinliches Missgeschick sorgte gestern bei der Wiener Familie Votruba für Aufregung: Ihr selbstfahrendes Auto hatte sie auf dem Weg in den Italien-Urlaub an einer Raststation vergessen. Der Zwischenfall fiel erst nach 40 Kilometern auf.

An einer Raststätte im steirischen Loipersdorf legte Familie Votruba eine kurze Pause ein, um sich zu stärken. Was niemand ahnte: Zeitgleich aktivierte deren selbstfahrendes Auto am Parkplatz den Sprachmodus: „Alles Roger in Kambodscha? Alle Mann und Frau und Sonstige an Bord? – pieps – No guad, fohr ma weida – pieps." Dass niemand auf die schlechten Witze reagierte, war für das selbstfahrende Auto nichts Neues. Der Wagen startete und fuhr weiter Richtung Italien, während die Rainhard-Fendrich-Playlist auf Repeat abgespielt wurde.

Auf Autobahn umgekehrt

„Natürlich haben wir sofort an Diebstahl gedacht", erzählt Versicherungsmakler Ludwig Votruba. „Ja, genau, weil hier fahren ja auch sehr viele von diesen afghanischen Zigeunern aus Libyen oder auch aus Afrika durch, die an den Strand wollen, damit sie dort dann herumzigeunern können", erklärt seine Ehefrau Magda, Geografielehrerin an einer AHS in Vösendorf.

Anhand der mit dem Auto verbundenen App bemerkte Sohn Jonas (4) jedoch, dass das Auto wie geplant Richtung Italien fuhr, und kontaktierte den Bordcomputer umgehend. „Unser Dank gilt hier auch Verkehrsminister Ingenieur Norbert Hofer", erzählt Herr Votruba erleichtert. „Da er das Geisterfahren durch die Rettungsgasse rückwärts mit Tempo 140 ja jetzt erlaubt hat, konnte unser Auto sofort wenden und zurückfahren."

Weiterer Zwischenfall

Gemeinsam ging es schließlich gut gelaunt weiter nach Italien. Doch so schön der Urlaub verlief, so ärgerlich war die Rückkehr nach Wien: „Eine Woche nachdem wir aus Italien zurückgekommen sind, flattert von der italienischen Polizei eine Anzeige ins Haus – Fahrerflucht!"

Der Vorwurf: Das selbstfahrende Auto war anscheinend nachts, während Familie Votruba geschlafen hatte, heimlich zur Strandbar gefahren. Beim Einparken hatte der Wagen einen Auffahrunfall verursacht, war dann aber schnell und heimlich davongefahren.

FINANZEN   16. Juli 2018

Noch zuverlässiger als Kondom: Durex stellt neues Verhütungsmittel für Männer vor

Foto: Tagespresse, Montage

Nicht weniger als eine Revolution der männlichen Fertilitätskontrolle verspricht ein neu entwickeltes Verhütungsmittel des Kondomherstellers Durex. Dieses soll schon in den kommenden Monaten auf den Markt kommen.

Bei dem Mittel handelt es sich um ein vierteiliges Set, das aus zwei weißen Frotteesocken und zwei kunstledernen Fuß-Reservoirs besteht, welche an Sandalen erinnern. Das sogenannte „Sockdom" lässt sich morgens ganz leicht überziehen und am Abend komfortabel wieder abrollen. Es soll als erstes Verhütungsmittel der Welt hundertprozentigen Schutz vor sexuell übertragbaren Krankheiten und ungewollten Schwangerschaften bieten.

Kontrazeptive Revolution

„Im Gegensatz zum Kondom oder anderen beliebten Verhütungsmethoden wie Coitus interruptus setzten wir beim Sockdom auf den Coitus impossibilitus, welcher bereits die Anbahnung jeglichen Kontakts mit potenziellen Sexualpartnern von vornherein ausschließt", erklärt Arnold Vielwetzer, Leiter der Testabteilung bei Durex.

Vielversprechend

Ein Tester zeigt sich begeistert: „Ein Kondom konnte ich maximal drei- oder viermal benutzen, bevor ich es waschen musste. Das Sockdom hingegen kann ich wie meine Boxershorts drei Wochen lang durchgehend tragen. Dabei habe ich das Gefühl, dass sich die verhütende Wirkung mit längerer Tragedauer sogar noch verstärkt."

Zum Marktstart werden laut Hersteller drei Sorten des Sockdoms in den Regalen stehen: „BRD-Pauschaltourist genoppt", „Jesus-Freak gefühlsecht" und „Adilette-Hipster extrafeucht", welche in den Geschmacksrichtungen „Schweißfuß", „Olmützer Quargel" und „Nagelpilz" erhältlich sind.

Faire Geste: Amazon lässt Lagerarbeiter ab sofort gratis in Kartons wohnen

Foto: Depositphotos

Der Onlinehändler Amazon sorgt mit einer tollen Aktion für Freude unter seinen Mitarbeitern: Rumänische Lagerarbeiter, die bisher in Zelten neben ihrem Arbeitsplatz schlafen mussten, dürfen ab sofort gratis in Amazon-Kartons wohnen.

„Toll! Danke, Herr Amazon!", freut sich der Leiharbeiter Radu L. und zeigt uns seinen neuen, sieben Quadratmeter großen Karton, der von Amazon bisher zur Auslieferung von Reclam-Heften benutzt wurde.

Radu lebt in seinem Karton nun direkt neben seinem Arbeitsplatz, einer Lagerhalle in Ostdeutschland: „Amazon hat mir sogar ein Buch von Richard David Precht gratis dazugegeben. Das kann ich mir als Windel umbinden, damit ich keine Klopausen mehr brauche."

Menschlichkeit

Firmenchef Jeff Bezos unterstützt die Maßnahme, die ab sofort in allen deutschen Lagern gilt: „Unser langfristiges Ziel ist, dass wir bei Amazon unsere Mitarbeiter irgendwann einmal genauso menschlich behandeln wie unsere Produkte."

Weitere Besserungen geplant

Amazon will sich künftig auch der Kritik an seiner Steuervermeidung stellen: „Wir werden ab sofort unseren Beitrag leisten", verspricht ein Buchhalter der Firma. „Unsere Steuererklärung kann gerne um nur 17 Euro im Prime-Abo gekauft werden und – ups, ich sehe gerade, diese wird leider nicht in ihr Land versendet und kann nur auf die Bahamas geliefert werden. So ein Pech."

---

18. Juli 2018

Will nicht mehr selbst schweigen: Kurz engagiert Presseschweiger

Foto: Michael Gruber / EXPA / picturedesk.com

Nach Tagen des Schweigens reagiert Bundeskanzler Sebastian Kurz: Um die hohe Arbeitslast besser aufzuteilen, engagiert er einen persönlichen Presseschweiger. Dieser soll ab sofort vor Journalisten stellvertretend für den Kanzler zu sämtlichen Themen von höchster Brisanz kein Wort verlieren.

In einer Aussendung ohne Text wurde die Neuigkeit allen relevanten Medien sowie dem *Kurier* mitgeteilt. Journalisten dürfen sich künftig

---

direkt an Presseschweiger Peter Launsky-Tieffenthal wenden, wenn sie zu skandalösen Äußerungen oder globalen Krisen eine leere Worthülse der Regierungsspitze haben wollen. Auf die Frage, wie viel Kurz noch selbst schweigen werde, betonte Launsky-Tieffenthal, die Zusammenarbeit mit der EU-Kommission funktioniere sehr gut.

Der Presseschweiger teilt sich sein Büro mit dem Sitzungsschwänzer, der stellvertretend für den Kanzler wichtige EU-Termine oder Plenardebatten sausen lässt. Auch andere für die Regierung unerlässliche Mitarbeiter befinden sich im selben Stockwerk, etwa jener Kabinettsmitarbeiter, der Medienminister Gernot Blümel jeden Morgen die Schuhe zubinden muss.

Für Journalisten ist der Kanzler jedoch keineswegs abgetaucht. Sie können weiterhin jederzeit den direkten Draht zu Kurz nutzen, wenn sie wissen wollen, wer die Balkanroute geschlossen hat (nämlich Sebastian Kurz, Anm. der Redaktion).

POLITIK   23. Juli 2018

Nur mehr im Pinzgauer: Hofer streicht Führerscheinprüfungen in ausländischen Autos

Foto: Allura, CC BY-SA 2.0 AT, Steve Glover/Montage

Nach der Abschaffung der Führerscheinprüfung auf Türkisch legt Verkehrsminister Norbert Hofer (FPÖ) nach: Ab sofort darf die praktische Prüfung nicht mehr in ausländischen Fahrzeugen abgelegt werden. Prüflinge müssen daher künftig in einem Steyr-Puch Pinzgauer aus Österreich Platz nehmen.

Wien – In Anwesenheit von Journalisten prüft Norbert Hofer persönlich den ersten Fahrschüler im Pinzgauer: Maximilian (17) aus Hietzing. Die Fahrt beginnt auf der Lainzer Straße, verläuft jedoch nicht reibungslos, da der Pinzgauer alle 200 Meter nachgetankt werden muss.

Plötzlich biegt von links ein Moped mit einem Jugendlichen im Mesut-Özil-Dress auf die Fahrbahn. Maximilian will bremsen. „Du kannst ruhig Gas geben, rechts hat immer Vorrang", sagt Hofer lächelnd. Der Prüfling beschleunigt und überfährt den Mopedfahrer. Hofer sagt lachend: „Hoppala! Na, da wollen wir jetzt mal beide Augen zudrücken." Ein schockierter *Krone*-Journalist erkundigt sich nach dem Zustand des österreichischen Fahrzeugs.

Herausforderung

Schließlich folgt auf der A1 der schwerste Teil der Prüfung: Maximilian muss den Pinzgauer mit Tempo 140 durch eine Rettungsgasse steuern. Das Fahrzeug beginnt stark zu wackeln, ein Seitenteil löst sich, der Schüler verliert die Kontrolle. Doch kurz vor einer Tunnelwand ist glücklicherweise der Tank leer. Maximilian erhält von Hofer seinen Führerschein.

Erste Hilfe neu

Beschwingt vom Erfolg seiner Maßnahme verspricht Hofer noch im Pinzgauer-Wrack weitere Neuerungen. Auch die Erste-Hilfe-Maßnahmen sollen reformiert werden: „Ab sofort ist es Pflicht, wenn man zu einem Unfall kommt, zuerst zu überprüfen, ob das Opfer ansprechbar ist. Nur so weiß man, ob das Opfer überhaupt Deutsch spricht." Bei Bewusstlosen ist außerdem eine Herzdruckmassage im Rhythmus von „Immer wieder Österreich" der John Otti Band durchzuführen.

Waldbrand-Drama in Griechenland: Wiener Familie muss zwei Stunden lang ohne Frühstück ausharren

Foto: Depositphotos

Die dramatische Lage in Griechenland gerät außer Kontrolle. Jetzt sind erstmals auch Touristen aus Österreich von der Waldbrand-katastrophe betroffen: Eine Wiener Familie musste auf der Insel Kos über zwei Stunden lang ohne Frühstück ausharren. Der Vorfall zeigt: Die Behörden haben die Lage nicht mehr unter Kontrolle.

Kos – Der Wiener Key-Account-Manager Klaus Wagner (46) kann es nicht glauben: Sein zweiwöchiger Traumurlaub im Robinson Club Syphilis wurde zum Albtraum. „Dabei wollten wir doch nur wie jeden Tag ein drittes Frühstück einnehmen", erinnert sich Wagner an die schlimmen Minuten. „Auf einmal waren ich und meine Familie komplett eingeschlossen von leeren Wurstplatten und Brotkörben."

Ein *Heute*-Reporter, der auch im Club urlaubt, ist ebenfalls schwer traumatisiert: „Was uns Österreichern hier angetan wird, das kann man sich gar nicht vorstellen. Während wir hier ausgehungert werden, fahren die Flüchtlinge Kaviar fressend auf einer Jacht um die Insel." Er will nicht mehr länger zuschauen: „Wenn ich bis 12 Uhr

---

kein Schweinsschnitzel am Buffet krieg', dann stürz' ich mich in die Flammen."

Rettungskette läuft an

Laut Hotelmanagement wurde ein Liefer-LKW des Clubs von den Flammen eingeschlossen. Nach einem Notruf des Hotelpersonals wurden mehrere Löschflugzeuge vom Waldbrand abgezogen, um frisch gebackene Nougat-Croissants, pochierte Eier und Wildlachsbrötchen über dem Club abzuwerfen. Doch der Einsatz verläuft schleppend, wie die dramatische Tripadvisor-Bewertung eines Betroffenen zeigt:

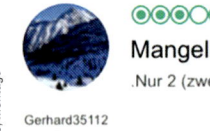

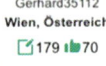

◉◉◉○○ Bewertet 25. Juli 2018

Mangelhaft... ..

.Nur 2 (zwei!!) frischgepresste Säfte zur Auswahl... nie wieder, lieber tot!!!!!!

Gerhard35112
Wien, Österreich
🗹179 👎70

◉◉○○○ Preis-Leistungs-Verhältnis   ◉◉◉○○ Service

◉◉◉◉○ Schlafqualität

Kurz vor 12 Uhr dringen zwei Animateurinnen mit Rußspuren im Gesicht in die Lobby vor. Sie schlagen Wagner und seiner Familie sowie dem *Heute*-Journalisten so lange mit frisch frittierten Schnitzeln ins Gesicht, bis alle wieder zu Bewusstsein kommen. „Na endlich!", sagt Wagner und nimmt einen großzügigen Bissen. „Aber das ist wieder typisch für die faulen Griechen: Kein Ketchup mitserviert."

Post von Jeannée – Lieber Essens-gestank in der U6 ...

Foto: Bildstrecke.at/Andreas Zinner

Lieber Essensgestank in der U6 ...

... der Dir ja bald der Garaus gemacht wird: Endlich, endlich wirst Du verboten! Keine Kebabschwaden mehr. Kein Dürüm und kein Nasigoreng, das illegal in meine Nüstern migriert. Keine fremd-ländischen Düfte von gebratenen Hammeln mehr, von gegrillten Ziegen, frittierten Hundewelpen aus der Asia-Box, geschächteten Kamelen und koscher hingerichteten Babykatzen. Schluß, aus und vorbei mit dem Gestank! Alles paletti also, leiwand und tutto bene ...

... wenn, ja, wenn nicht die linkslinke Wiener Stadtregierung wie-der einmal weit übers Ziel hinausgeschossen wäre. Und in ihrem irrwitzigen Regulierungswahn nicht nur den Türken-Döner verban-nen will, sondern auch die wunderbaren Aromen unserer Heimat-küche. Ohne Unterschiede, ohne Wenn und Aber, im kommunisti-schen Rausch der Gleichmacherei ...

... denn was duftet herrlicher als ein zartes österreichisches Schnitzerl? Ein guter, deftiger Käsleberkäsleberkäse? Die minz-frische Darmflora von Bundeskanzler Kurz? Das sind Gerüche und

Geschmäcker, um die uns Europa beneidet. Weshalb Dein genuß-feindlicher Verbotswahn, linkslinke Wiener Stadtregierung ...

... auch das österreichische Kulturerbe gefährdet. Denn: Eine U-Bahn ohne Burenwurst, ohne Ottakringer und Gösser – das ist nicht mehr meine U-Bahn! Ohne Spritzer, Doppler und Zirbenschnaps, ohne Obstler, Sechsämtertropfen und Erdbeerwein, ohne Uhudler, Eierlilikör u-und Ethanol, Eristoff, Ken-kentucky Bourbbbn, Tokajer, Sch-Strohrum, Kartoffelschaps entschuligung: schaps, enschullign: Kartopfel-schn-schnaps ...

... kuzz un gut, liliebe Wiener Stadtregierung: Den Türken-Döner verbann heist Mesut Özil die Stirn bieten! Aaber ösrreichischn Alkol aus der U-Bahn schmeisn – wiewie nennmandas? Wie? Na wie? Ich nennedas: Hochverrat nennichdas!!

Michael Jeannée ist Kolumnist in Grinzing. Gelegentlich fällt er in einen U-Bahn-Schacht.

Bankomatkarte versehentlich gesperrt: Hartinger-Klein muss einen Tag lang mit 150 Euro auskommen

Foto: Georg Hochmuth / APA / picturedesk.com, Montage

Schock für Beate Hartinger-Klein (FPÖ): Durch ein dummes Missgeschick muss die Sozialministerin beweisen, dass sie einen ganzen Tag lang von nur 150 Euro leben kann. DiE TAGESPRESSE **war dabei.**

Der fatale Zwischenfall ereignete sich heute früh in der Raiffeisen-Filiale am Wiener Michaelerplatz. Hartinger-Klein gab beim Geldabheben versehentlich dreimal den falschen Code ein. „Die Tasten sind leider viel zu klein, um den Code mit meinem Vorschlaghammer vorsichtig einzudreschen", erklärt die Sozialministerin verlegen.

Die Folgen des Malheurs sind verheerend: Hartinger-Klein muss den Gürtel enger schnallen und einen Tag lang jeden Fünfziger-Schein zweimal umdrehen. Erst morgen früh erhält sie ihren neuen Code.

Mit gutem Beispiel voran

Nach einer kurzen Panikattacke konnte Hartinger-Klein ihrer misslichen Lage jedoch sogar etwas Positives abgewinnen und war fest gewillt, ihren Arbeitstag dennoch durchzustehen: „Heute werde ich beweisen, dass ich mich sehr wohl in die Lebensrealität von Sozialschmarotzern hineinversetzen kann."

Gesagt, getan: Am Vormittag stand eine feierliche Krankenhausschließung in Niederösterreich am Programm. Beim Mittagessen beweist sie Sparsamkeit und schickt ihre Assistentin zum Dumpstern in den nahe gelegenen Spar-Gourmet. „Und das Abendessen im Steirereck geht sich auch locker aus, weil die akzeptieren Mastercard", so Hartinger-Klein. Wacker kämpft sich die Ministerin durch den Tag.

Tatkräftig

Die Sozialministerin zeigt: Sie begnügt sich nicht mit Lippenbekenntnissen. Sie ist eine Frau der Taten. „Wenn 150 Euro für mich reichen, reichen sie auch für Sozialhilfeempfänger", fordert die Politikerin. „Und wem das zu wenig ist, der soll sich aufraffen aus der sozialen Hängematte, sich auf eigene Beine stellen und zum Bankomat gehen."

Lifehacks von Hartinger-Klein:
So überlebst du mit 150 Euro im Monat

Foto: Sozialministerium/Montage

Laut Sozialministerin Beate Hartinger-Klein (FPÖ) lässt es sich mit 150 Euro im Monat vortrefflich leben. Sie präsentiert heute in der TAGESPRESSE ihre ganz persönlichen Lifehacks und zeigt dir, wie du mit dem Geld locker über die Runden kommst.

Handy-Lifehack
Dein Handy ist kaputt? Um dein monatliches Budget von 150 Euro nicht unnötig zu belasten, kannst du einfach ein Flüchtling werden. Dann spendiert dir die Caritas gratis ein iPhone 8. Cool, ab ins Internet!

Nahrungsmittel-Lifehack
Du hast die 150 Euro aufgebraucht und willst nicht verdursten oder verhungern? ;) Nutze unsere Seen (Trinkwasserqualität) und unsere Wälder (traumhafte Herrenpilze, ideal für ein herrliches Risotto). Danke, Österreich!

Wärme-Lifehack

Vor allem in der kalten Jahreszeit können die Heizkosten rasch in die Höhe schnellen. Wickle dich in den Monaten November bis März einfach in Alufolie ein (nur 2 Euro im Supermarkt), damit du es immer schön warm hast. Frohe Weihnachten!

Pflege-Lifehack

Alte Menschen brauchen Pflege. Aber es muss nicht immer die legal angemeldete 24-Stunden-Loredana aus Bukarest sein. Stell den Opa einfach unter einen schattigen Baum im Marchfeld, drücke dem Erntehelfer 50 Cent in die Hand und erkläre ihm, er soll ein Auge auf den Senior-Chef werfen und ihn bei Bedarf mit dem Spargel intubieren oder notfalls begraben.

Wohnraum-Lifehack

Warum verschwendet der durchschnittliche Österreicher so viel Geld für Wohnraum? Wohnungen mit 80 m²!? Einfamilienhäuser mit 160 m²!?!?!? Laut AMA-Gütesiegel-Richtlinie reicht eine Box von 1,30 m Länge und 56 cm Breite vollkommen aus, wenn ein Mal am Tag gelüftet wird und der Kot nur bis zur Knöchelhöhe steht.

Fashion-Lifehack

Muss es wirklich immer der teuerste Schnickschnack von Primark oder aus dem 1-Euro-Shop sein? Wer kostengünstig und trendy gekleidet sein will, kann sich auch einfach Screenshots von hübschen Kleidern ausdrucken und mit Uhu auf den Körper kleben. Wow! Dress to depress! Fashion!

Kinder-Lifehack

Kinder sind wichtig für das Familienleben, da sich die Kleinsten später einmal um dich kümmern werden. 150 Kinder pro Familie sind ratsam, da man einkalkulieren sollte, dass etwa 140 davon an Keuchhusten, Cholera, Laktoseintoleranz, AIDS, NEOS oder ÖVP draufgehen werden.

Alkohol-Lifehack

Alkohol belastet die Leber, aber nicht zwangsläufig dein Budget: Setze Champagner immer als Spesen bei deinem Arbeitgeber ab, wie etwa dem EU-Parlament.

Wohnen-Lifehack

Eigentum ist das beste Mittel gegen Altersarmut und kann deine laufenden Kosten senken. Wenn du gerade keine 3,6 Millionen Euro für eine Villa in Döbling am Konto hast, hol dir einfach einen Kredit bei deiner Hausbank. Der Vorteil: Dank Kredit bleibt dein Budget von 150 Euro unangetastet. Mega!

Reisen-Lifehack

Warum unnötig Geld verschwenden und ins Ausland fahren, wenn das Ausland eh nach Österreich kommt, um uns die Haare vom Kopf zu fressen? Gehe einfach kostenlos in Wien spazieren – mit Frau und Kind (und Glock 17, unverbindliche Empfehlung des Sozialministeriums). Danach ist deine Reiselust wieder für Monate gestillt.

Job-Lifehack 1

Werde Wiener Vizebürgermeister ohne Ressort und verdiene 9440 Euro bequem vom Sofa aus. Hackler hassen diesen einfachen Trick!

Job-Lifehack 2

Der Vizebürgermeister-Job ohne Ressort ist bereits vergeben, aber du willst trotzdem irgendwie deine Menschenwürde am Arbeitsmarkt bewahren? Nichts leichter als das! Investiere die 150 Euro in Schlaftabletten, wirf dir alle auf einmal ein und träum für immer weiter, du Sozialschmarotzer!

Flüchtlings-Lifehack

Du bist auf deiner „Flucht" nicht im Mittelmeer ertrunken und willst dir jetzt um 150 Euro ein feines Leben in unserem schönen Österreich machen? Willkommen! Kauf dir ein Zugticket zu einem unserer traumhaften Seen (Attersee!) und gehe dort einfach mal sehr, sehr lang „tauchen".

☺

12-Stunden-und-87-Sekunden-Tag: Österreicher müssen durch Tempo 140 gewonnene Zeit im Job einarbeiten

Foto: Depositphotos

87 wertvolle Sekunden sparen Autofahrer auf der Strecke von Wien nach Salzburg dank Tempo 140. Doch was tun mit der neu gewonnenen Lebenszeit? Die Regierung beantwortet diese Frage und wird gleich nach der Sommerpause den 12-Stunden-und-87-Sekunden-Tag beschließen.

„Eine super Idee", freut sich Pendler Rainhard Indrak (45) in einem Facetime-Interview mit der **TAGESPRESSE**, während er mit seinem BMW X5 bei Tempo 140 mehrere Autos auf der A1 abdrängt. „Ich hab' schon befürchtet, ich muss die gewonnenen 87 Sekunden Lebenszeit mit meinen Kindern verbringen."

Wirtschaft jubelt

„Was gibt es Schöneres, als mit Tempo 140 der Hochkonjunktur entgegenzubrausen!", freut sich auch Sebastian Kurz, Präsident der Industriellenvereinigung, und schlägt weitere Maßnahmen zur

Effizienzsteigerung vor: „Sinnvoll wäre auch ein Verbot von Rast-
stationen. Das spart locker noch einige Sekunden."

„Tempo 140 ist natürlich nur eine unverbindliche Empfehlung",
fügt Kurz hinzu und weist auf die Toleranzgrenze beim Strafen hin.
Die WKO arbeitet bereits am neuen Video „Wenn Werner aufs Gas
drücken tut, dann geht's dem Chef gut". Der Clip soll Angestellte
musikalisch dazu animieren, immer mit 159 km/h ins Büro zu fahren und so 12 weitere Sekunden einzusparen.

Auch Zugpendler hoffen

Infrastrukturminister Norbert Hofer verspricht auch bei den ÖBB
in Zukunft mehr Zeitersparnis: „Ich habe Oberleitungsschäden ja
wirklich sehr, sehr gerne. Aber wir können den Österreichern diese
Zugverspätungen nicht mehr länger zumuten. Viele Pendler müssen
täglich bis zu drei Minuten länger im gemütlichen Zug sitzen, mal
ruhig die Beine hochschlagen und in der Zeitung schmökern. Das
macht mich sehr, sehr traurig."

Hofer überlegt auch, mehrere Bim-Strecken der Wiener Linien zu
Hochgeschwindigkeitsstrecken auszubauen: „In Zukunft fahren Sie
nicht mehr mit dem D-Wagen ins Büro, sondern mit dem D-Railjet."

Foto: Tagespresse, Montage

Bis zu 35 Grad: Tiere in Schönbrunn bekommen heute hitzefrei

Foto: Christian Fürthner/MA 28, Depositphotos/Montage

Aufgrund der hohen Temperaturen will die Zooleitung des Tiergarten Schönbrunn ihren Mitarbeitern den Aufenthalt im stickigen Gehege nicht mehr länger zumuten. Eisbären, Pumas und Co. bekommen heute daher hitzefrei.

Wien – „So, ab ins kühle Nass, raus mit euch und bis morgen", lacht Tierpfleger Franz Gasperl, lässt die Königskobras aus dem Gehege und wünscht ihnen auf dem Weg ins Gänsehäufel einen schönen Tag.

Den freien Tag wollen die Tiere unterschiedlich verbringen, erzählt Gasperl: „Die Geparde haben gesagt, sie werden in Wien-Neubau ein paar frische Vegetarier fressen. Die Elefanten wollen im Gmundner-Keramik-Geschäft ein wenig shoppen. Und die Heuschrecken geben einen Fortbildungsworkshop an der WU."

Direkt vor der Hartlauer-Filiale auf der Mariahilfer Straße attackiert einer der Löwen einen Touristen. Hunderte Schaulustige filmen das Drama. „Damit wird unser Slogan ‚Tigern Sie zum Löwen' endlich Wirklichkeit", freut sich Unternehmer Robert Hartlauer über die große Aufmerksamkeit, während er das Blut von den Schaufenstern wischt.

Hitzefrei gilt nicht für alle

Obwohl es für die Wiener Fiakerpferde weiterhin „Dienst nach Vorschrift" heißt, sorgt man bei diesen tropischen Temperaturen vor. Ein Mitarbeiter der Stadt Wien erklärt: „Gegen die Hitze bekommen alle Fiakerkutscher von uns kühles Bier, Spritzer und Jägermeister gratis."

Auch die Polizeipferde des Innenministeriums müssen laut Minister Herbert Kickl (FPÖ) heute zur Schulung erscheinen: „Natürlich ist der aufgeheizte Beton ein Problem. Aber wir ziehen unseren Pferden als Schutz kleine Springerstiefel über die Hufe, das sollte reichen."

LEBEN   8. August 2018

Chaos bei Wien-Konzert: Ed Sheeran verwirrt Fans mit unerwartetem zweitem Akkord

Foto: Drew de F Fawkes/Flickr, Montage

Es sollte ein perfekter Konzertabend im Wiener Ernst-Happel-Stadion werden. Doch alles kam anders, als Ed Sheeran mehrere Fans mit einem unerwarteten zweiten Akkord überrumpelte. Der britische Superstar sorgte für Chaos und Verwirrung unter den Zusehern.

„Zuerst hat er ganz normal ‚Nanana na na nanana' gesungen", erzählt die Wienerin Marlene (21) der **TAGESPRESSE**. „Aber auf einmal singt er ‚Nanana oooh nanana' in einer ur komischen Tonhöhe. Wo is'n der angrennt? Wenn ich extrem komplexe und anspruchsvolle Musik hören will, dreh' ich Kronehit auf."

Das Rote Kreuz behandelte mehrere Fans mit Verdacht auf Hörsturz und Schocksyndrom. Die Rettung gestaltet sich schwierig, schildert ein Sanitäter: „Die Lage ist fast so schlimm wie beim großen Giftgasunfall von 2014, als Marco Wanda auf der Bühne seine Lederjacke ausgezogen hat."

Wiedergutmachung

Nach dem misslungenen Auftritt verteidigt sich Ed Sheeran auf Twitter: „Ich wollte was komplett Neues probieren, einfach mal verrückt sein." Sein zweites Konzert heute Abend spielt er zur Wiedergutmachung mit nur einer einzigen Tonhöhe – C.

Für die Fans kommt die Entschuldigung jedoch zu spät; viele stornierten ihre Eintrittskarten und bringen die Veranstalter so unter Zugzwang. Aufgrund der vielen Rückgaben wird das zweite Konzert heute Abend daher vom Happel-Stadion ins Café Concerto am Wiener Gürtel verlegt.

Neue Sturmgewehre bewähren sich: Polizei stoppt erfolgreich Radfahrer ohne Reflektoren

Foto: BMI / Alexander Tuma, Montage

Laut war die Kritik an den 6900 neuen Sturmgewehren für die österreichische Polizei. Doch ein aktueller Fahndungserfolg aus Wien-Neubau dürfte die Kritiker zum Schweigen bringen: Bike-Polizisten gelang es mithilfe eines neuen Steyr AUG, einen Radfahrer ohne Reflektoren zu stellen. Damit hat sich die Bewaffnung bereits jetzt bewährt.

9.46 Uhr, Mariahilfer Straße – mit zwei gezielten Schüssen in den Hinterreifen gelingt es Inspektor Thalmeier, die Zielperson zu Fall zu bringen. „Mit einem Reflektor wär' des ned passiert, junger Mann", sagt Thalmeier freundlich. „Wo wolln S' überhaupt hin um die Zeit? Rauschgift kaufen in einem geheimen Darknet-Geschäft?" Er stellt dem Radfahrer noch ein Organmandat aus, bevor dieser in den Rettungshubschrauber verladen wird.

Polizei kritisiert Anarcho-Radler

Die Wiener Polizei sieht in den Radfahrern rücksichtslose Gefährder im Straßenverkehr. Diese würden sich an keinerlei Regeln halten, erklärt ein anderer Polizist, der gerade eine Studentin an den Haaren vom Rad zerrt: „Ned angegurtet, ka Blinker, kane Scheibenwischer. Na ja, Madame, des mocht 949 Euro geradeaus."

Trotz der Sturmgewehre ist die Lage in der Bundeshauptstadt weiter dramatisch. Erst gestern konnte Inspektor Thalmeier nicht verhindern, dass eine Radfahrerin bei einem Zusammenstoß mit einem Audi Q7 dem Fahrzeug einen drei Zentimeter langen Kratzer zufügte. „Natürlich machst dir Vorwürfe, wenn vor deinen Augen ein unschuldiges Auto verletzt wird", seufzt der Inspektor, während er mit den Tränen kämpft.

Um 18 Uhr heißt es für Thalmeier endlich: Dienstschluss. Doch ausruhen will er sich noch lange nicht: „Der Gedanke an die vielen klingellosen Radler ohne Reflektoren auf unseren Straßen treibt mich an. Erst wenn der Letzte von ihnen aus dem Verkehr gezogen ist, kann ich wieder ruhig schlafen."

WELT   13. August 2018

Erdoğan ruft Türken auf, ab sofort fünfmal täglich in Richtung Wall Street zu beten

Fotc: Tagespresse, Montage

Der dramatische Lira-Verfall geht weiter. Jetzt greift Staatspräsident Recep Tayyip Erdoğan zu drastischen Gegenmaßnahmen: Er fordert alle türkischen Staatsbürger auf, ab sofort fünfmal täglich in Richtung Wall Street zu beten. Kann das die Finanzmärkte besänftigen und den Währungscrash stoppen?

Ankara – „Sie haben ihre Dollar, wir haben unseren Allah!", verkündete Erdoğan letzte Woche noch selbstbewusst. Doch die Gebete zeigten keine Wirkung: Mittlerweile gab auch Allah bekannt, dass er alle seine Lira-Ersparnisse in Zürich gegen US-Dollar umgetauscht hat. Die türkische Regierung ändert daher ihren Kurs und setzt alle Hoffnungen in Gebete, die direkt an die Finanzmärkte gerichtet sind.

Fünfmal am Tag sollen türkische Staatsbürger ihren Gebetsteppich nun nicht mehr nach Mekka ausrichten, sondern nach Manhattan, um bei den Währungsspekulanten der Wall Street steigende Kurse zu erbitten.

Erdoğan packt selbst an

Der türkische Staatspräsident selbst geht mit gutem Beispiel voran und kurvt jetzt nebenberuflich als Uber-Fahrer durch Istanbul. „Ich brauch' dringend Geld. Das muss ja alles bezahlt werden", erklärt Erdoğan einem amerikanischen Fahrgast. „Meine Frau, mein Haus, mein Auto, meine repressive antidemokratische Staatsführung, meine Offshore-Schwarzgeldkonten."

Österreich betroffen

Auch Türken im Ausland sind von der Krise im Heimatland betroffen. In einer Wiener Moschee unterbrach eine Kindergruppe heute ihre Kriegsspiele und stellte stattdessen eine Triple-A-Bewertung der Ratingagentur Standard & Poor's nach. „Wir befürchten das Schlimmste", erklärt ein Sprecher von ATIB. „Wenn jetzt noch Strafzölle auf radikale Prediger kommen, sind wir ruiniert."

Wien erneut lebenswerteste Stadt: Verzweifelter „Krone"-Journalist wirft sich vor pünktlich fahrende U-Bahn

Foto: Manfred Helmer/bildstrecke.at, Montage

Schon wieder kürt ein internationales Medium Wien zur lebenswertesten Stadt der Welt. Die österreichische Bundeshauptstadt konnte sich jetzt auch im Ranking des britischen Economist durchsetzen. Zu viel für *Krone*-Journalist Alfred Mayr: Er betrat heute am frühen Nachmittag eine blitzblank saubere U-Bahn-Station und warf sich vor einen pünktlich einfahrenden Zug.

Doch Mayr hat Pech: Aufgrund seines fehlenden Rückgrats rutscht er zwischen Waggon und Bahnsteig auf die Gleise und überlebt den Vorfall unverletzt. Die binnen drei Minuten eingetroffene Rettung kann ihn unglücklicherweise ohne Probleme bergen. Doch seine Odyssee ist noch nicht vorbei: Er wird in ein Spital gebracht und zur Stunde mit einer kostenlosen Untersuchung belästigt.

„Es ist furchtbar", sagt Mayr, Chefredakteur des Ressorts Wien-Besudelung. „Alles, woran ich geglaubt habe, zerrinnt vor meinen Augen. Woher sollen wir jetzt unsere Klicks kriegen?" In einer Notfall-Sonderredaktionssitzung beschloss die *Krone* als erste Sofortmaßnahme, die Meldung über das deprimierende Ergebnis ganz weit unten im Wirtschaftsteil zu verstecken, wo sie garantiert niemand findet.

Das Innenministerium will jetzt helfen: Damit die Startseite von *Krone.at* auch weiterhin gefüllt bleibt, ist für die nächsten zwei Wochen jeden Tag eine Cobra-Übung mit Fototermin angesetzt. Außerdem werden Asylwerber gebeten, mehr Raubüberfälle und Ladendiebstähle zu begehen.

WELT   17. August 2018

Darf man Putin heiraten? – Das denkt ÖSTERREICH

Foto: OE KLAMAR / AFP / picturedesk.com, Montage

Der Kommentar von Wolfgang Fellner zur Hochzeit des Jahrhunderts.

Polit-Sensation pur: Mit ihrem Geheim-Plan, Russlands Wladimir Putin am Samstag das Ja-Wort zu geben, sorgt Außenministerin Karin Kneissl für die Aufreger-Hochzeit des Jahrhunderts. Die ganze

Welt diskutiert auf Hochtouren: Super-GAU für die Demokratie – oder Liebes-Finale mit Happy Ending?

Erste Frage: Darf man das? Ein zwielichtiges Polit-Monster heiraten, das eine brutale Ost-Vergangenheit und beste Kontakte zu Faschisten hat? Oder macht Putin da einen Fehler?

Fakt ist: Mit ihrem überraschenden Mega-Coup hat Kneissl Österreich zurück in die Weltpolitik gepusht. Der Kneissl-Putin-Pakt pulverisiert sämtliche Liebes-Rekorde von Washington bis Damaskus.

Was wie Taktik aussieht, ist in Wahrheit Strategie: Unsere Außenministerin ist nicht nur sexy und spricht 1000 Sprachen, sie ist auch hochintelligent – wie ihr Vorbild, Habsburg-Kaiserin Maria Theresia. Putin ins Ehebett zu locken ist Networking pur auf Top-Niveau – und macht unser Land garantiert „great again".

Wenn Kneissl es schafft, nach Putin auch noch den Schah von Serbien zu heiraten und Frankreichs Polit-Beauty Justin Trudeau, ist Österreich endlich wieder ein Reich, in dem die Sonne niemals aufgeht.

Und auch Kneissls Partei nutzt das Ehe-Glück: Nach einer exklusiven OE24-Umfrage liegt ihre FPÖ jetzt schon bei unglaublichen 54 Prozent – knapp hinter dem türkisen Koalitions-Partner (59 Prozent).

Weit abgeschlagen: die Silberstein-SPÖ von Christian Kern. Sprengstoff pur für den abgehalfterten Polit-Clown. Experten empfehlen Kern eine Heirat und einen Anruf in unserer Inseratenabteilung.

Doch Kneissls Traum-Hochzeit hat auch einen blutigen Wermuts-Tropfen: Ein Anschlag auf die Hochzeitsgesellschaft kann nämlich zum Glück nicht ausgeschlossen werden. Den aktuellen OE24-Live-Ticker zum Massaker finden Sie dann auf unserer Seite links oben, gleich neben dem Messerstecher-Ticker und dem exklusiven Death-Ticker „So dramatisch kämpfen kranke Promis um ihr Leben".

Sollten sich die Anzeichen für die furchtbaren Terror-Gerüchte rund um Karins und Wladimirs Liebes-Heirat verdichten, dann drohen bis zu 100.000 Todesopfer und eine komplett zermatschte Hochzeitstorte. Der Islam muss sich dann die Frage gefallen lassen, ob er noch ganz dicht ist. So, Mittagspause!

Wolfgang Fellner (63) lebt als Aufpepper-Journalist und Produzent von bedrucktem Papier in ÖSTERREICH. Für DiE**TAGESPRESSE** *schreibt sein Ghostwriter, das zahme Redaktions-Alpaka Manfred.*

WELT   20. August 2018

Der Diktatoren-Elmayer: So geht der richtige Kniefall vor Putin

Foto: YouTube/RT

Gute Manieren sind das A und O! Damit auf Ihrer Hochzeit beim Kniefall vor Wladimir Putin alles glattläuft, sind einige Regeln für gutes Benehmen zu beachten. Österreichs bekanntester Benimm-Experte Thomas Schäfer-Elmayer erklärt Ihnen heute, wie Sie vor dem Diktator brillieren und Fettnäpfchen elegant umschiffen.

Ein aufrichtiger Diktator ist immer nur so stark wie sein Händedruck. Bewahren Sie stets ein Lächeln auf den Lippen, selbst wenn das Gegenüber Ihnen beim Händeschütteln die Mittelhandknochen bricht.

Die meisten Diktatoren sind sensible Psychopathen, die mit Spontaneität nicht umgehen können. Lassen Sie unangekündigte Gäste vor der Tür von der Cobra erschießen. Nehmen Sie ausnahmsweise auch Ihren Vilimsky mal an die Leine.

Brillieren Sie mit dem richtigen Geschmeide und scheuen Sie keine Kosten. Swarovski-Fußkettchen für Cobra-Beamte und Marlboro-Zigarettenhalter aus Gold für alle FPÖ-Kollegen sind Pflicht. Die Kosten übernimmt gerne der Steuerzahler.

Präsentieren Sie gerne auch Ihr Dekolleté. Die Tiefe des Ausschnitts signalisiert dem Verehrer, wie viel er sich von Ihnen und Ihrer neutralen Nation nehmen darf.

Achtung, Fettnäpfchen-Alarm! Jeder anwesende Journalist erhöht die Gefahr eines kritischen Berichts – ein unverzeihlicher Fauxpas gegenüber dem russischen Präsidenten! Lassen Sie daher vor Ihrem perfekten Tag alle unabhängigen Journalisten vom BVT verhaften.

Geben Sie dem Diktator stets das Gefühl, dass dies ganz allein sein Tag ist. Entfernen Sie störende Elemente wie Ihre Freunde, Ihre Familie oder Ihren Ehemann.

Achten Sie penibel auf Ihre Blickrichtung. Meiden Sie Augenkontakt, der Ihrem Gegenüber den Eindruck geben könnte, Sie würden sich ihm ebenbürtig fühlen. Starren Sie ehrfürchtig auf seine Schuhe, um zu signalisieren: Wir liegen dir zu Füßen, wir sind dein Satellitenstaat, nimm uns unter deinen schützenden Raketenschirm.

Ein Rückgrat ist absolut verpönt. Sollten Sie bedauerlicherweise dennoch mit einem Rückgrat auf die Welt gekommen sein, so lässt sich dies bei allen seriösen Schönheitschirurgen mit einem unkomplizierten Eingriff entfernen.

Eine Einladung Putins auf ein Getränk ist keinesfalls abzulehnen. Sollten Sie 30 Minuten nach Einnahme des Getränks Symptome wie Schwindel, Übelkeit oder Kreislaufprobleme wahrnehmen, dann nutzen Sie Ihre restlichen fünf Minuten Lebenszeit, um sich ehrlich zu fragen, was Sie falsch gemacht haben, um bei Putin in Ungnade zu fallen.

Foto: YouTube/RT

Geheim-Tipp! Irgendwas geht immer schief. Endet Ihre Hochzeit in einem Streit, einer Scheidung oder gar einem Zerfall der Europäischen Union, inklusive Annexion des Baltikums durch Russland? Kein Problem. Schieben Sie die Schuld einfach auf die ausländischen Catering-Mitarbeiter.

„Bin kein Sklave der Pharma-Riesen": Impfgegner kauft Homöopathie-Präparate um monatlich 2400 Euro

Foto: Pixabay

Er lässt sich nicht von den Pharmariesen verarschen! Martin Weiß aus der Steiermark verzichtet auf Impfungen gegen Masern, Zecken und Co. – und vertraut stattdessen auf die heilende Wirkung der Homöopathie. Für 2400 Euro im Monat schützt er sich und seine ganze Familie mit Globuli-Präparaten.

„Ich bin doch nicht blöd und werf' mein Gehalt geldgierigen Firmen wie Novartis oder Bayer in den Rachen. Ich vertraue lieber geldgierigen Einzelunternehmern aus der Region", erklärt der überzeugte Impfgegner und AHS-Biologielehrer Weiß.

„Da, schaut her: rezeptfrei und ökologisch!", freut er sich und zeigt auf ein 30-ml-Fläschchen mit der Aufschrift „Steirisches Jungfrauen-Engel-Wasser", das er sich gestern bei einer Hausfrau aus dem Nachbarort besorgt hat.

Homöopathie-Hersteller versichern Wirksamkeit

Kritik, wonach die Wirksamkeit von homöopathischen Mitteln nicht wissenschaftlich belegbar sei, lassen namhafte Produzenten nicht gelten. „All unsere Produkte sind getestet. Ich habe gestern erst wieder eine umfassende Laborstudie meiner Globuli an Mäusen geträumt", erzählt Helmut Beck, Geschäftsführer der 1000 % Echte Delfinhaar- und Einhorntränen-Essenzen GmbH.

Naturverbundene Erziehung

Seine Kinder überlässt Martin Weiß völlig der Natur. Mit seinem jüngsten Sohn Alois besuchte er bereits eine Masernparty in Graz, eine Syphilis-Party in Berlin und eine Ebola-Party in Mbandaka, Demokratische Republik Kongo.

Wenn es die Natur so will und Alois überlebt, will auch er hoch hinaus. Er träumt von einem Studium der Alternativphysik und Alternativmathematik an der renommierten Inzest-Universität Mürzzuschlag.

Nächster Pilotversuch: Hofer testet Rechtsabbiegen bei Tempo 140

Foto: Tagespresse, Montage

Rechtsabbiegen bei Rot war erst der Anfang: In einem Pilot-versuch will Infrastrukturminister Norbert Hofer jetzt auch Rechtsabbiegen bei Tempo 140 testen. Kann die ungewöhnliche Maßnahme im Praxistest bestehen?

Pinkafeld – „Das, was ohnehin schon lange von Autofahrern prakti-ziert wird, werden wir jetzt auch gesetzlich erlauben", erzählt Nor-bert Hofer bei einem Test vor der örtlichen Volksschule. Lächelnd drückt er seinen Stock fest aufs Gaspedal und lenkt den tiefer-gelegten BMW mit 140 km/h um die Kreuzung.

„Wir werden dann in Studien evaluieren, ob sich damit vielleicht sogar eine Senkung von Unfällen erzielen lässt", erklärt er fröhlich lachend, während ihn die Freiwillige Feuerwehr mit einer hydrau-lischen Schere aus dem brennenden Wrack schneidet und in den Rettungshubschrauber C9 verlädt.

Klarerweise gilt auch beim Rechtsabbiegen eine gesetzliche Toleranzgrenze von 159 km/h, wie Hofer drei Stunden später im OP-Aufwachraum des Unfallkrankenhauses betont.

Derzeit laufen im Ministerium Feasibility-Studien zu Tempo 140 auch im Kreisverkehr sowie beim Extrem-Rechtsabbiegen. Dabei soll das Abbiegen direkt über einen Gehsteig getestet werden, wenn man es besonders eilig hat.

Aus bei Lehre für Asylwerber: Mahrer übernimmt alle offenen Lehrstellen

Foto: Depositphotos/Montage

Nach heftiger Kritik am Aus bei der Lehre für Asylwerber präsentiert die Regierung eine Maßnahme, um einen Mangel an Arbeitskräften zu verhindern: Harald Mahrer besetzt alle offenen Lehrstellen in Österreich. Damit sollen die Wogen geglättet werden.

Wien „Wir sind ein Land der Leistungsträger, ein Land der Tüchtigen, ein Land der Nützlichen", so Kanzler Sebastian Kurz auf einer Pressekonferenz. „Wenn die sogenannten Asylwerber wirklich eine Lehrstelle haben wollen, müssen sie sich einfach nur mehr anstrengen, 16 Jahre in der Zeit zurückreisen und als Österreicher geboren werden."

„Ich freue mich sehr auf meine neuen Herausforderungen", sagt Harald Mahrer, während er in der WKO-Kantine 45.890 Teller abwäscht und 67.900 Kilogramm Kartoffeln schält. Diese werden danach per Uber an Gasthäuser in ganz Österreich geliefert.

Wie hält Mahrer die Mehrtausendfach-Belastung aus? „Das ist alles nur Kopfsache", sagt dieser lachend. Während er entspannt

Weingläser schrubbt, verschickt er drei unerwünschte WKO-Werbungen, beschließt eine Anhebung des Leitzinssatzes, schreibt sieben SVA-versicherten Selbstständigen ruinöse Beitragszahlungen vor, erstellt eine WIFO-Prognose für das Wachstum im dritten Quartal und streicht einem Sportler die Sporthilfe.

Es ist eine gute Woche für den WKO-Präsidenten. Wie DiE**TAGES-PRESSE** in einem Hintergrundgespräch erfahren hat, übernimmt er nicht nur alle offenen Lehrstellen in Österreich, sondern ab morgen auch das US-Unternehmen Tesla: Elon Musk kann dem Druck nicht länger standhalten und übergibt die Firmenleitung an Mahrer.

Sensation: RB Salzburg schafft Einzug in Europa League

Foto: Stefanie Oberhauser / ExPA / picturedesk.com

Ein Märchen, wie es nur der Fußball schreibt! Ein 2:2 gegen Roter Stern Belgrad reicht Red Bull Salzburg für den souveränen Einzug in die Europa League – bereits zum elften Mal in Folge. Damit setzen die „Bullen" ihre Erfolgsserie fort.

Salzburg – Mit dem Schlusspfiff erreicht der perfekte Fußballabend seinen Höhepunkt. Salzburg-Spieler fallen sich weinend in die Arme. Manche realisieren noch gar nicht, was soeben passiert ist, und starren ins Leere. „Wir haben 90 Minuten lang gezeigt, was wir können", ist Salzburg-Trainer Rose zufrieden. „Jetzt heißt es durchatmen und nach vorne schauen."

Bitter für Belgrad: Trotz eines harten und ausgeglichenen Kampfs müssen sich die Serben mit der Champions League begnügen. „So ist Fußball eben", meint Roter-Stern-Trainer Vladan Milojević nach dem Spiel lapidar.

Neuer Sponsor

Um das Erfolgsimage nach außen zu tragen, wird Red Bull als Hauptsponsor noch am selben Abend durch S-Budget ersetzt. Vor den jubelnden Fans wird Trainer Rose vom neuen S-Budget-Salzburg-Maskottchen, dem S-Budget-Börserl, mit Diskontbier übergossen.

Unterdessen konnte das Feilschen um die Übertragungsrechte für die Europa League beendet werden. Fans dürfen aufatmen: Alle Spiele von S-Budget Salzburg werden live auf *Okto* übertragen.

Wo ist was drinnen? Österreichs Schultüten im großen Vergleich

Foto: Franz Neumayr / picturedesk.com

Tausende Kinder begehen heute in Österreich ihren ersten Schultag. Eine prall gefüllte Schultüte darf dabei keinesfalls fehlen. Doch schon längst hat sogar der Inhalt der Tüten politische Färbung angenommen. Wir haben alle Schultüten einem Vergleich unterzogen.

Die Grünen-Schultüte:
10-Euro-Casino-Gutschein von Novomatic – Fair-Trade-Schokolade von biologisch ernährten Kinderarbeitern aus Nicaragua – Getränke-gutschein für Roof-Top-Bar am Heumarkt-Turm – Koscher-veganer bio-halal-Radiergummi auf Sojabasis (glutenfrei, kompostierbar, radiert nicht)

Die NEOS-Schultüte:
Welcome-Shot Leitungswasser aus der NEOS-Zentrale – 1×Wert-münze für privatisiertes Schulklo – Gesunde High-Performer-Schul-jause (Sixpack Red Bull, Ritalin-Gummibärchen, Microdosed-LSD-

Zuckerwürfel) – Matthias-Strolz-Gedächtnis-Flügelmappe (besonders leicht zu heben) – „Unsichtbare Hand des Marktes" (durchsichtige Klatschhand, um anderen Kindern mit voller Wucht ins Gesicht zu schlagen)

Die FPÖ-Schultüte:
Ausgewählte Schulbücher aus dem Kopp Verlag, u. a. „Flacherdkunde", „Zweiter Weltkrieg kritisch betrachtet", „Klimawandel: Eine zionistische Verschwörung", „Biologie: Warum Frauen keinen Penis haben und deshalb weniger wert sind" – Kindgerechtes Jagdkommando-Sturmgewehr – Herbert-Kickl-Fidget-Spinner – „Germanische Kinderlieder" mit Vorwort von Udo Landbauer – Kostenlose Islam-Schutzimpfung (nur für einheimische Kinder)

Die Flüchtlingsschultüte:
Lustiges Lernbuch „Deutsch für Höhlenmenschen" mit Vorwort von Christian Höbart – Rabatt-Gutscheine für Extrem-Wildwasser-Rafting im Salzatal (Schwimmwesten im Preis nicht inkludiert) – iPhone X von der Caritas mit vorinstalliertem Bundestrojaner

Die SPÖ-Schultüte:
Ohne Inhalt, dafür mit stahlverstärkten Wänden, um dem Klassensprecher ein Bein zu stellen

Die Mindestsicherungsschultüte:
150 Euro in Monopoly-Scheinen zum Einheizen, wenn es kalt wird – Zehnerpack Cocablatt-Kaugummi (unterdrückt Hungergefühl) – Notration Kartoffeln – Arbeitshandschuhe für Aushilfstätigkeiten am Bau nach der Schule – Praktische JVP-Broschüre „Schluss mit Armut: So bediene ich erfolgreich den Bankomaten"

Die WKO-Harald-Mahrer-Schultüte:
12-Stunden-Stundenplan – Kinderbücher „Mein erstes Burn-out" und „Die kleine Raupe Nimmersatt und die ausgebeuteten Ameisen" – Kalender mit Motivationssprüchen wie „Wenn du fest an dein Parteibuch glaubst, kannst du alles werden – gleichzeitig!"

Schlachtplan: So verläuft der FPÖ-Afrikafeldzug

Foto: Manfred Werner, Photo Simonis/Parlament, Montage

FPÖ-Wehrmachtsprecher Reinhard Bösch fordert eine Besetzung von Gebieten in Nordafrika. DiE**TAGESPRESSE** bekam Einblick in den detaillierten Schlachtplan der Partei.

Zwei Bundesheerboote stechen auf der Donau Richtung Nord-afrika in See. Wellengang von bis zu dreißig Zentimetern erschwert den Sturmangriff. Ein Boot kentert nach drei Minuten. **FPÖ-Wehr-machtsprecher Reinhard Bösch** geht über Bord und besetzt den Boden der Donau.

Harald „Wüstenhund" Vilimsky versucht den Angriff von der Nord-ost-Flanke und kauft sich um 29 Euro ein Ryanair-Ticket nach Hur-ghada, Ägypten. Im Club angekommen, übernimmt er das Kom-mando über das stehende Heer aus 8000 wütenden österreichischen Pauschalurlaubern und verspricht ihnen für den Sieg den tausend-jährigen Hurghada-Urlaub.

Johann Gudenus wird nicht-amtsführender Oberbefehlshaber und erhält vierzehn Monatssolde zu je 8755 Euro. Gudenus sichert die Stellung an der Heimatfront ab und versteckt sich in Döbling im Gebüsch, um vorbeikommende Afghanen aus Afrika zu zerfechten.

Karin Kneissl fährt die schweren Geschütze auf: Sie lässt sich scheiden, heiratet einen Rebellenführer aus Libyen und lädt sämtliche Diktatoren und Despoten Afrikas zu ihrer Hochzeit ins Gasthaus Tscheppe in der Steiermark ein. Sie werden mit einer Überdosis Vogelbeerschnaps außer Gefecht gesetzt. Kneissl wird gemäßigter, findet Gefallen an Afrika und führt mit dem Rebellenführer eine harmonische Ehe, aus der 29 Kindersoldaten entspringen.

Foto: Tagespresse, Montage

Mega-Strategie Herbert Kickl analysiert den Gegner bis ins Detail. Er sieht sich fünf Mal in Folge den Film „Der Prinz aus Zamunda" an und reist dann selbst nach Afrika. Ausgerechnet Kickl jedoch fällt der FPÖ in den Rücken und wird zum Deserteur, da er in Afrika endlich seine Verwandten trifft und sich einem Pygmäenstamm anschließt.

Christian Höbart vermeldet erste Kriegserfolge: Er habe bereits den direkten Kampf mit mehreren Marokkanern aufgenommen und sei heldenhaft bis in eine Polizeistation vorgedrungen.

Für **Heinz-Christian Strache** läuft die erste Offensive nach Plan: Im Pasha Club Marrakesch vernichtet er noch in der Morgendämmerung vier Flaschen Wodka und nur mit einem zusammengerollten Geldschein bewaffnet fünf „Verteidigungslinien". Auf der Heimreise zur Basis kommt es zu einem Zwischenfall: Strache reitet auf seinem Kamel mit Tempo 159 gegen eine Palme.

Norbert Hofer greift aus der Luft an. Gemeinsam mit Jagdkommando-Soldaten beginnt er auf Paragleitern mit der Überquerung des Mittelmeers. Durch einen Windstoß fällt Hofer jedoch das Smartphone aus der Hand. Bei der Rettung des Handys stürzen alle Paragleiter ins Wasser. Hofer wird von einem NGO-Flüchtlingsrettungsschiff vor dem Ertrinken bewahrt. Das Schiff durfte bisher noch nicht in Italien anlegen.

Foto: Tagespresse, Montage

Udo „Landser" Landbauer wird mit seiner Burschenschaft Germania undercover in Afrika eingeschleust, um in der verdeckten Operation „Black Face 3000" Boden zu besetzen. Zur Tarnung hat sich jeder der Beteiligten seinen Körper vollständig mit Edding 3000 geschwärzt. Die Aktion fliegt auf. Ein Flüchtling, der aus Wiener Neustadt nach Tripolis abgeschoben wurde, erkennt Landbauer.

Update 1: *Zur Stunde besteht kein Funkkontakt zu den geschlagenen FPÖ-Truppen in Nordafrika. Insider berichten, Strache, Vilimsky & Co. würden aktuell versuchen, sich vor Ort zu sammeln und anschließend über die Balkanroute nach Österreich zurückzukehren.*

Update 2: *Die Heldentat Höbarts spielte sich offenbar nur in seiner Fantasie ab. Laut marokkanischen Behörden versuchte Höbart, im Billa in Marrakesch Bier zu stehlen. Er wurde von drei Marokkanern festgehalten. Da er auch beim Eintreffen der Polizei Widerstand leistete, befindet sich Höbart derzeit in einer Ausnüchterungszelle.*

Regierung dementiert Afrika-Invasionspläne: Derzeit nicht genug Pferde einsatzbereit

Foto: HERBERT NEUBAUER / APA / picturedesk.com

Eine deutliche Abfuhr erteilte die Bundesregierung heute möglichen Afrika-Invasionsplänen. Derzeit stünden nicht genug Pferde zur Verfügung, um ein solches Unterfangen mit realistischer Aussicht auf Erfolg durchzuführen.

„Eine militärische Intervention in Nordafrika ist derzeit aus verschiedenen Gründen weder sinnvoll noch zielführend", so Kanzler Sebastian Kurz am Mittwoch nach dem Ministerrat. „Bis heute haben sich leider zu wenige braune und schwarze Pferde beim Bundesheer für die Offizierslaufbahn beworben." Ohne eine ausreichende Unterstützung auf vier Hufen wollen Kurz und Strache „keine Risiken" eingehen.

Die Truppenmobilisierung läuft dessen ungeachtet auf Hochtouren. Der Generalstab des Bundesheers arbeitet derzeit an der Rekrutierung einer schlagkräftigen Fremdenlegion aus Eseln, Zebras und Flusspferden für eine Wasserlandung. Innenminister Herbert Kickl streift seit sieben Tagen auf der Suche nach Einhörnern für das Jagdkommando durch den Wienerwald.

Führende Generäle wollten gegenüber der **TAGESPRESSE** noch kein Datum für den „D-Day" nennen. Sie betonen jedoch, die Fehler von 1942 vermeiden und das Militär nicht durch zwei Fronten unnötig schwächen zu wollen. Daher soll zumindest noch die erfolgreiche Durchführung der Leistungsschau am Nationalfeiertag in Wien abgewartet werden.

Islamisierung oder Skandalisierung? Ein Tag in einer Wiener Problemschule

Foto: HELMUT FOHRINGER / APA / picturedesk.com

Verliert die Stadt Wien die Kontrolle über islamistische Umtriebe an Wiener Schulen? Oder skandalisieren Medien und Politik ein Problem, das gar keines ist? DiE**TAGESPRESSE** begibt sich für einen Tag an eine Schule in Wien-Simmering, um Antworten auf diese Fragen zu finden.

8 Uhr. Der Ruf des Muezzins verkündet den Unterrichtsbeginn. Ein **TAGESPRESSE**-Reporter betritt die Klasse 3B. „Guten Morgen!", heißt uns Biologie-Lehrerin Claudia (24) willkommen. „Du kannst dich gleich neben den Richard setzen", sagt sie und zeigt auf *Krone*-Chefredakteur Richard Schmitt, der von der letzten Reihe aus einen Islam-Liveticker schreibt.

8.30 Uhr. Ein Mädchen zieht sich den Pullover aus, ihre Oberarme werden frei. Claudia muss erstmals pädagogisch intervenieren und ermahnt einige Burschen mit strengem Tonfall: „Bitte diesmal keine Auspeitschungen vor der großen Pause, seid so lieb, okay?"

9.07 Uhr. Mathematik. Zwei Buben beginnen zu streiten. Einer sticht dem anderen mit seinem Zirkel in den Finger.

9.08 Uhr. *Krone.at* titelt: „Wiener Problemschule: Afghane ersticht Klassenkollegen". Heinz-Christian Strache teilt den Artikel. Irene Brickner von *derStandard.at* jubelt: „Gelungene Integration: Afghanischer Schüler bringt sich selbst Geometrisches Zeichnen bei". Alev Korun teilt den Artikel.

9.37 Uhr. Im Zeichenunterricht hat Lehrerin Petra (41) etwas ganz Besonderes vor: „Heute malen wir Karikaturen vom Propheten Mohammed", erklärt sie lächelnd. „Und wenn sich dann die Eltern aufregen und mich schimpfen, schreib' ich ein Buch über die Islamisierung an den Schulen und werd' Bestseller-Autorin." Auch ihre Kollegen nicken. Fast jeder hier arbeitet an einem Buch über die Islamisierung an Schulen, da man vom Lehrergehalt alleine nicht mehr leben kann.

11.08 Uhr. Im Deutschunterricht präsentieren Schüler ihre schöns ten Ferienerlebnisse. Lehrer Johannes (34) findet für einen Schüler lobende Worte: „Beeindruckend, wie du die russischen Luftangriffe auf euer syrisches Dorf geschildert hast!" Nach der Stunde nimmt er ihn beiseite und sagt: „Ich würd' dich gern zum Schulpsychologen schicken, aber der ist wegen Burn-outs bei einem echten Psychologen."

11.37 Uhr. Lokalaugenschein von SPÖ-Stadtschulratspräsident Jürgen Czernohorszky, der prüft, ob auch wirklich keine katholischen Kreuze an der Wand hängen. „Die Sozialdemokratie steht für eine säkulare

Gesellschaft. Religion hat im Klassenzimmer nichts zu suchen", erklärt er, verabschiedet sich von einigen bärtigen Teenagern mit dem Wolfsgruß und bittet sie um ihre Stimmen bei der nächsten Wien-Wahl. „Weil wenn der Strache Bürgermeister wird, dürft ihr hier nicht mehr Dschihad spielen, sondern nur noch Chemnitz."

14.57 Uhr. Turnunterricht der Mädchen. *Falter*-Chefredakteur Florian Klenk fällt beim Hüftaufschwung am Reck aus seiner Burka. Er flüchtet und muss seine Undercover-Reportage vorzeitig abbrechen.

15.03 Uhr. Fototermin mit Sebastian Kurz und Heinz Faßmann. Mehrere Kinder werden gegen ihren Willen in Lederhosen und Dirndl gezwängt. Für ein Foto gibt Faßmann einem Buben sein iPad. Der Bub kennt Faßmanns Passwort aus dem Fernsehen, loggt sich ein und chattet als „LangerHeinz69" auf der Online-Plattform *ElitePartner*.

15.23 Uhr. Die Kinder bekommen im Beisein von Kanzler Kurz vom Schularzt eine kostenlose Masern-Mumps-Mohammed-Impfung verabreicht.

15.30 Uhr. Alle Medienvertreter fahren mit Kurz und Gernot Blümel zu einer Wiener Schule, die keine Probleme mit Integration hat: die neu gegründete katholische „Grüß Gernot"-Privatschule im ersten Bezirk mit 2500 Euro Schulgebühr pro Monat.

Sinkende Hürden für Polizeibewerber: IQ muss nicht mehr höher sein als Alter

Die Polizei findet zu wenig qualifizierten Nachwuchs. Daher werden die Anforderungen jetzt noch weiter nach unten geschraubt: Künftig werden erstmals auch Bewerber angenommen, deren IQ geringer ist als ihr Alter.

Eine der kniffligen Fragen beim Aufnahmetest lautet etwa: „Wollen Sie Polizist werden?" – mit den Antwortoptionen „Ja" oder „Nein". „Leider scheitert mehr als die Hälfte unserer Bewerber an dieser Frage. Wir sind ratlos", sagt ein Mitarbeiter des Innenministeriums.

Thomas (25) aus Salzburg hat heute Glück: Der Polizeipsychologe schätzt seinen IQ auf 24,9 – genug für den Dienst an der Waffe. „Ich hab' schon fast das Sturmgewehr ins Korn geworfen", sagt er erleichtert. „Letzte Woche habe ich mich als Managing Partner bei McKinsey beworben und wurde abgelehnt wegen Überqualifizierung."

Gewaltausbrüche

Manche Bewerber reagieren auf die ihnen gestellten Fragen mit Gewaltausbrüchen und werfen etwa ihre Computertastatur durch die Fensterscheibe. Sie qualifizieren sich mit diesem kreativ-brutalen

Lösungsweg direkt für einen der begehrten WEGA-Posten. „Der IQ ist uns mittlerweile egal. Wir konzentrieren uns im Test auf andere, viel wichtigere Qualitäten für die WEGA-Arbeit, zum Beispiel gesunde Aggressionen gegenüber Randgruppen", sagt Polizeipräsident Gerhard Pürstl stolz.

Die Polizei will noch weitere Anreize schaffen, um die richtigen Bewerber zur Truppe zu locken: Wer ein Testergebnis von mehr als 500 Punkten schafft, bekommt einen Gutschein für 20 Freisprüche nach eskalierten Amtshandlungen.

Irgendwelche Zahlen: So wichtig ist Datenjournalismus

Datenjournalisten bezeichnen Datenjournalismus als unverzichtbar. Die zahlengetriebene Berichterstattung ist in Österreich noch neu. Was hat es mit Datenjournalismus wirklich auf sich? Diese Visualisierungen geben darüber Aufschluss.

Journalisten von *derStandard.at* verglichen im Jahr 2018 Daten zu Asylwerbern in Lehre mit Bissattacken von Kampfhunden auf Babys. Sie speisten die Zahlen in ein System ein und klickten irgendwelche Buttons an. Heraus kam diese bemerkenswerte Grafik:

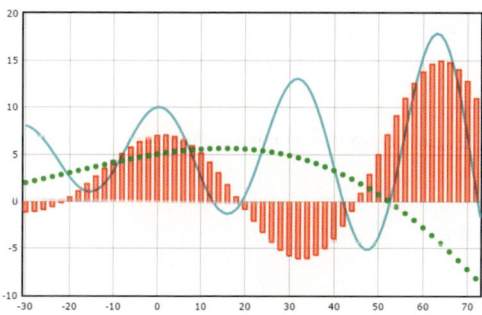

Was sagen uns diese Kurven? Niemand kann auf diese Frage eine Antwort geben. Doch ein Redakteur ist sicher: „Was auch immer es bedeutet, es muss stimmen, weil es ist durch Daten belegbar.“

Datenjournalismus beeinflusst mittlerweile sogar die Politik.
Forscher der Universität Wien analysierten in einer monatelangen Recherche den Zusammenhang zwischen Rücktritten von österreichischen Politikern nach Skandalen einerseits und Verwaltungsreformen der letzten 50 Jahre andererseits.

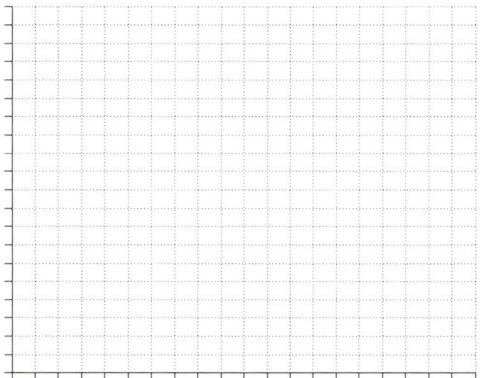

Das verblüffende Ergebnis: Sowohl Anzahl als auch Zeitpunkte der Ereignisse glichen sich komplett.

Datenjournalismus bringt auch unangenehme Wahrheiten zutage.
Datenjournalisten von *Krone.at* sorgten mit dieser explosiven Grafik vergangene Woche für hitzige Debatten:

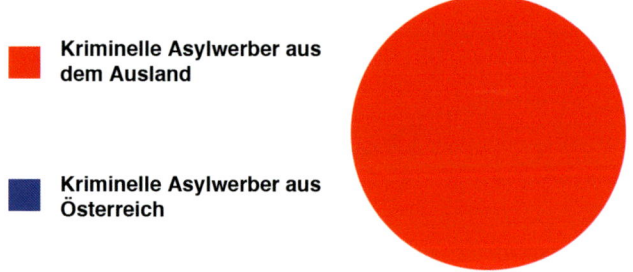

„Wen diese Grafik nicht wütend macht, der ist kein Österreicher", erklärt dazu *Krone.at*-Chefredakteur Richard Schmitt. Stellungnahmen von linken Politikern gab es bis Redaktionsschluss noch keine – offenbar um die Grafik totzuschweigen.

Datenjournalismus rüttelt jetzt sogar die Weltpolitik auf.
Ein Team von Statistikern der *New York Times* stellte sich die Frage: Was passiert, wenn man alle Länder dieser Welt auf einer Grafik nach ihrer geografischen Position anordnet? Ihr verblüffendes Ergebnis:

Einige deutliche Erkenntnisse lassen sich aus dieser Grafik ablesen. So sind Alaska und Sibirien die am weitesten voneinander entfernten Punkte auf der Welt. Außerdem sehen sich Afrika und Südamerika sehr ähnlich. Die Journalisten vermuten, dass sie womöglich noch vor einigen Jahren zusammengehört haben. Auch für den Nahost- sowie den Ukrainekonflikt ergeben sich für die Forscher sehr einfache Lösungen: Israel müsste einfach mit der Ukraine ausgetauscht werden.

Kurz und Strache wollen Bures über-reden, SPÖ-Chefin zu werden

Foto: Juerg Christandl / picturedesk.com, Montage

Wer soll Christian Kern an der Spitze der SPÖ nachfolgen? Ein Name, der immer wieder fällt, ist Doris Bures. Doch die zweite Nationalratspräsidentin sagte bereits ab. Nach Informationen der TAGESPRESSE versuchen Sebastian Kurz und Heinz-Christian Strache fieberhaft, sie doch noch umzustimmen.

Wien – „Von Zahnarzttechniker zu Zahnarzthelferin sage ich dir aus tiefstem Herzen, Doris: Bitte mach es! Übernimm die SPÖ! Tu es für uns!", versucht Strache die SPÖ-Politikerin zu überreden. Auch Kurz zeigt sich von der Idee begeistert: „Du bist unser Garant für eine harmonische Regierungsarbeit in den nächsten Jahrzehnten."

Bures zweifelt jedoch, ob sie die Richtige ist, um die erste und letzte SPÖ-Parteichefin aller Zeiten zu werden. „Ich würde gerne im Jahr 2022 für die SPÖ die Präsidentenwahl verlieren", erzählt sie engen Vertrauten von ihrer weiteren beruflichen Planung. Dennoch finde sie Gefallen am Gedanken, die SPÖ wieder dorthin zu führen, wo sie einmal war: Auf null Prozent, wie bei ihrer Parteigründung im Jahr 1889.

Medien-Leak

Noch bevor sich Bures entschieden hat, berichtet *Die Presse* bereits, dass sie neue Parteichefin werde und der russische Gazprom-Konzern die SPÖ aufkaufe. Christian Kern gratuliert ihr auf einer eilig einberufenen Pressekonferenz: „Doris, geh du voran! Danke, dass du dich opf… – zur Verfügung stellst." Bures steht kopfschüttelnd neben ihm und lehnt ab. Doch Kern geht nicht darauf ein und wird von einem Hubschrauber abgeholt: „Sorry, Leute. Auch diese Übergabe lief wieder nicht optimal. Okay, ciao, ich muss nach EU!"

LEBEN   24. September 2018

Herrenloser Kebab in U6: Cobra stürmt Westbahnhof

Foto: Robert Parigger / picturedesk.com · Peter Gugerell/Wikipedia

Ein dramatischer Polizeieinsatz legte heute früh den Wiener Westbahnhof lahm: Ein herrenloser Kebab in einem U6-Waggon sorgte für Terroralarm und chaotische Szenen. Die alarmierte Spezialeinheit Cobra konnte den Kebab schließlich fassen und unschädlich machen.

Wien – Gegen 8.47 Uhr alarmierte ein Fahrgast der U6 die Polizei, da sich in einer Garnitur ein herrenloser Kebab im Waggon Richtung Siebenhirten befand. „Danke an den wachsamen Passagier", erklärt ein Sprecher der Wiener Linien. „Nicht auszudenken, was passiert wäre, wenn ein islamischer Terrorist den Kebab während der Fahrt gegessen hätte!"

Zugriff

Am Wiener Westbahnhof stürmte eine Cobra-Einheit die Waggons, während die Wiener Linien die Fahrgäste evakuierten und zeitgleich beim Notausgang eine Fahrscheinkontrolle durchführten.

Der Kebab stellte sich schließlich tatsächlich als Gefahr heraus, wie ein Polizeisprecher erklärt, während hinter ihm drei Cobra-Beamte auf dem Rücken des Kebabs knien: „Er war nicht nur scharf, sondern extra scharf. Ein Verzehr hätte zu schweren Weinkrämpfen führen können." Um die Menschen zu schützen, setzte die Cobra großflächig Tränengas ein – es gab 14 Verletzte.

Überzogene Reaktion?

Ein Fahrgast findet den Cobra-Einsatz überzogen: „Man hätte doch nur warten müssen, bis ein Kampfhund zusteigt. Der hätte den Kebab schon totgebissen." Bürgermeister Michael Ludwig hingegen zeigt sich erfreut über das harte Durchgreifen gegen kulinarische Kriminalität. Damit Mitmenschen auch anderswo nicht gestört werden, plant er, Essen zukünftig auch in Wiener Restaurants zu verbieten.

Herbert Kickl: Die ungekürzte E-Mail

Foto: BMI/Montage

Von: Dr. Herbert Kickl – Bundesminister für Inneres
(herby18@bmi.gv.at)
Gesendet: Montag, 24. September 2018, 16:32
An: {VERTEILER} Abt. Kommunikation

Betrifft: Umgang mit entarteten Medien

HABT ACHT ACHT! :)

<u>Entartete Medien</u>
Leider wird eh und je seitens gewisser extremistischer Terrorzellen
(z. B.: *Standard*, *Falter*), sowie neuerdings auch seitens des *Kurier*
(lol ich weiß aber ist kein Scherz) eine sehr einseitige bis manchmal
sogar negative Feindpropaganda über unsere humanitäre Arbeit im
Bereich der Volksschädlingsbekämpfung verbreitet :(
   Mittlerweile bringen auch Inserate nichts mehr. Deshalb erlaube
ich mir folgende kleine Dienstanweisungen vorzuschlagen. Natür
lich unverbindlich, als kleine „Serviceleistung", um einer Suspen-
dierung vorzubeugen ;)

- Sexualdelikte nur an die Medien weiterleiten, wenn sie im öffentlichen Raum stattfinden. Katholische Inzest-Opas und FPÖ-Nationalratsabgeordnete, die im Hotel ihre Affäre schwer misshandeln, bitte NICHT nach außen kommunizieren. (Anm.: Auch nicht der *Krone*; man weiß ja nie, was die abdrucken, wenn ihnen mal die Nackten ausgehen.)
- Phantombilder von weißen Verbrechern unbedingt dunkelbraun oder schwarz anmalen! Ein Kurs „Photoshoppen in MS Paint" wird noch in diesem Herbst auf allen Polizeistationen abgehalten. (Nur eine „Anregung": Auf Pressefotos von mir bitte immer unauffällig auf meinen Rumpf die Beine von Heinz Faßmann montieren.)
- Hat ein Verbrecher die sogenannte „Ausländerische" Staatsbürgerschaft, dies unbedingt an die Medien weiterleiten. Bei inländischen Kriminellen bitte einen Auslandsbezug herstellen. Zum Beispiel: „Der 27-jährige Wiener Vergewaltiger, der im Juni in Ägypten auf Urlaub war, wo er anscheinend von einem islamischen Vergewaltiger infiziert wurde, usw. ..."
- Wenn es keine aktuellen Meldungen zu straffälligen Asylwerbern gibt, bitte die Medienanfragen an unsere Abteilung „Minority Report" unter Fantasie-Ermittler Christian Höbart weiterleiten.

Gute Medien

Besonders lobend erwähnen möchte ich jedoch die Zusammenarbeit mit ATV. Bei den Aufnahmen zu einer Polizei-Doku gewährt man uns freie Hand. Afrikaner foltern oder Sozialdemokraten erschießen gilt im Fernsehen als Kunstfreiheit. Besonders freue ich mich auf die ATV-Serie „Preiszlers schrägste Hausdurchsuchungen", wo wir die kecke EGS-Truppe beim Einsatz in verschiedenen Zeitungsredaktionen begleiten. Wenn die Zusammenarbeit funktioniert, gibt es im Frühling vielleicht schon die nächste Produktion: „Wir leben in der Justizanstalt", präsentiert von Florian Klenk.

(Aber bitte aufpassen! ATV schneidet so schlecht, da fällt einem beim Anschauen der Beiträge das Handy aus dem Fenster. So leider unserem Norbert Hofer passiert.)

Bitte den befreundeten Medien Polizei-Logos und Einsatzfotos in hoher Auflösung zur Verfügung zu stellen. Der Redakteur kann sich die passenden Fotos dann selbst „herstellen".

Hier ein Best-Practice-Beispiel aus der gestrigen *Krone*:

Foto: Krone.at, Collage

Als kleine „Zuckerl" wie bisher Lieferungen von Sturmgewehren an unsere Leute bei *Krone*, *ATV*, *Oe24* und Co. fortsetzen. Nicht vergessen: Richard Schmitt mit Gottfried Küssel connecten, wegen der von Schmitt gewünschten privaten Wehrsportübung.

Bitte bei einer ORF-Kamera nicht hektisch werden und „eingreifen". Wir drehen gerade auf „Anregung" von mir folgende Videos: „Sportminister HC Strache bei der Führer-Transformation im Fitnesscenter", „Norbert Hofer extrem: Der Verkehrsminister überquert am Paragleiter die Alpen" und „Criss Höbart Mindfreak – Der FPÖ-Mentalist verhindert Verbrechen, bevor sie geschehen".

Ich bitte um das formlose und unverbindliche Einhalten der obigen „Anweisungen" ;-)

liegrü, euer Herbert

PS: Für spezifische Fragen zum Einsatz von Waffengewalt bei Kontakt mit Journalisten bitte mich gerne auch privat am kurzen Dienstweg kontaktieren unter herby@alpen-donau.info

Infos nur für freundliche Medien: Kickl erklärt sich im „Wendy"-Interview

Foto: FPÖ/Montage

Herby liebt süße Ponys – genau wie wir. Doch der kleine Erwachsene hat in seinem Erwachsenenleben Riesenstress – au Backe! Denn Herby steckt als Innenminister von Österreich tief im Schlamassel. Ständig muss er sich fiese Sprüche gefallen lassen von Leuten, die ihn blöd finden. Im Interview mit *WENDY*-**Redakteurin Pia-Marie von Rönne (11) zeigt er uns, wer hier wirklich im Sattel sitzt!**

WENDY: Puh, Herby, das waren aber mal aufregende Tage. Warum sind die Zeitungen so böse zu dir, obwohl du Pferde liebst?

Kickl: Das weiß ich auch nicht. Ich bin wirklich traurig. Aber ich freue mich, dass es morgen eine klärende Hausdurchsuchung in der *Falter*-Redaktion geben wird, damit wir hier einige bedauerliche Missverständnisse ausräumen können.

WENDY: Herby, eure eigene Zeitung *Unzensuriert.at* ist von Facebook gesperrt worden. Wie geht's da weiter?

Kickl: Das lassen wir nicht auf uns sitzen. Auf Anweisung der Staatsanwaltschaft sind derzeit mehrere berittene Pferde im Internet unterwegs. Sie reiten durch den Glasfaserkanal im Meer hinüber nach Amerika und machen dann Razzia bei Herrn Facebook. Diese linksfaschistoiden Unruhestifter gefährden unsere Freiheit.

WENDY: Und was sucht ihr dort?

Kickl: Stichhaltige Gerüchte, die beweisen, dass Mark Zuckerberg und Florian Klenk in Wahrheit ein und dieselbe Person sind – nämlich George Soros, der wiederum über die GIS finanziert wird.

WENDY: Du sprichst das Thema Pferde an. Gibt es etwas, was Journalisten und Pferde gemeinsam haben?

Kickl: Medien sind wie launische Gaule. Wenn man sie füttert, mit Karotten oder mit mehrseitigen Inseraten, und sie sind dann immer noch bockig, muss man sie manchmal halt leider einschläfern.

WENDY: Ich selbst war mal, als ich fünf Jahre alt war, *Standard*-Redakteurin und hab' unter dem Namen Thomas Mayer geschrieben. Hast du vielleicht was von mir gelesen?

Kickl (lacht): Kann sein. Ich kaufe mir den *Standard* täglich und werfe manchmal auch kurz einen Blick rein, bevor ich ihn öffentlich verbrenne.

WENDY: Du sagst, dass die Guten von dir Zuckerl bekommen. Mmmm, leckerschmecker. Was können wir schreiben, um so ein Zuckerl zu bekommen?

Kickl: Wie wäre es mit dieser lustig-schönen Geschichte, die eure jungen Leserinnen begeistern wird: Die kleine Reinhilde bekommt von ihren Eltern einen Araber geschenkt. Doch der Araber wird sexuell übergriffig und daher zu leckerem Käsleberkäse verarbeitet.

WENDY: Hihi! Lachkickl! Du, Herby, zum Abschluss für unsere Leser, die auch gerne einmal bestester kleinstester Innenminister von Österreich werden wollen: Was für Tipps hast du, wie bist du zu dem geworden, was du bist?

Kickl (lacht bescheiden): Weißt du, ich bin mir immer treu geblieben. Ich bin eigentlich immer noch derselbe wie damals vor 49 Jahren, als ich noch ein Embryo im Mutterleib war – von oben bis unten mit Geifer beschmiert, schreie ich mich durch den Tag.

WENDY: Darf ich mir die Polizeipferde mal aus der Nähe anschauen? Meine Eltern haben in der Finanzkrise 2008 leider fünf unserer zehn Pferde verkaufen müssen.

Kickl: Ja, komm vorbei! Bei der nächsten Demo darfst du gemeinsam mit unseren Pferdefreunden von der WEGA in eine linksradikale Demogruppe reiten.

WENDY: Wow, cool! Danke, Herby, für das coole Gespräch auf Augenhöhe.

Die nächsten Karriereschritte von Christian Kern

Foto: SPÖ Presse und Kommunikation, Montage

Desillusioniert kündigte Christian Kern vergangene Woche seinen Rücktritt als SPÖ-Chef an. Kenner und Vertraute des ambitionierten Managers zweifeln jedoch daran, dass es das schon gewesen sein soll: Er hat große Pläne und schielt auf einen Top-Job in Brüssel. DiE TAGESPRESSE skizziert seine nächsten Stationen.

2019: Kommissionspräsident

Nach einer erfolgreichen EU-Wahl wird Kern zum obersten EU-Vertreter ernannt. Endlich kann er die kleingeistige Innenpolitik hinter sich lassen und sich der kleingeistigen Europapolitik widmen. Als Kommissionspräsident setzt er das Menschenrecht auf einen Brioni-Maßanzug durch und führt erfolglose, aber extrem schön anzusehende Brexit-Verhandlungen. Schon nach wenigen Monaten jedoch fühlt sich Europa-Manager Kern unterfordert ...

2020: UN-Generalsekretär

Foto: Tagespresse, Montage

Gelangweilt von seiner Zeit im provinziellen Brüssel sucht Kern eine neue Herausforderung und wird UN-Generalsekretär. Mit einem „Plan A für Afrika" will er die Entwicklungszusammenarbeit revolutionieren: Jedes Dorf in Äthiopien soll einen Champagnerbrunnen erhalten. Aber soll dieses bäuerliche New York wirklich schon alles sein für den Erden-Vorstandsvorsitzenden Kern? Er wirft das Krokodilleder-Handtuch und will jetzt hoch hinaus …

2021: Anführer der Intergalaktischen Föderation

Foto: Tagespresse, Montage

Kern fühlt sich von den irdischen Herausforderungen nicht voll ausgefüllt. „The world in the earth is too small for me", schreibt er in seinem Brief an den Obersten Rat der Intergalaktischen Föderation, um sich für höhere Posten zu empfehlen. Das Briefpapier des Bundeskanzleramts sowie das verhandlungssichere Englisch Kerns beeindrucken die Ältesten im Rat: Kern wird zum neuen Anführer ernannt und herrscht nun über alle 100 Milliarden Galaxien. Doch schon nach drei Lichtjahren langweilt sich Kern. Soll es das schon gewesen sein?

2024: Cthulhu II

Kurz darauf dann der nächste Karrieresprung: Kern steigt dank geschickten Lobbyings zur kosmischen Entität Cthulhu II auf. Obwohl er eine gottgleiche, unsterbliche Macht ist, für die weder Raum noch Zeit eine Bedeutung haben, scheitert Kern wieder daran, die arbeitende Bevölkerung des Universums anzusprechen. Auch großzügige Inserate im Necronomicon können ihn nicht retten. Der Wahlspruch „Ph'nglui mglw'nafh Cthulhu R'lyeh wgah'nagl fhtagn" kann den Wählern nicht klar genug kommuniziert werden. Er sehnt sich nach Höherem ...

3018: Harald Mahrer

Kern ist am absoluten Gipfel seiner Macht angekommen: In einem ovalen Raum voller Bildschirme im Wiener Volksgarten wird Kern von Harald Mahrer im weißen Anzug erwartet. Mahrer begrüßt ihn mit den Worten: „Hallo, Christian, ich bin der Architekt der Matrix." Er übergibt seine Funktion an Kern. Kern versucht mit 1000 Jahren Verspätung, den 12-Stunden-Tag aus seinem „Plan A" in der Matrix umzusetzen. Er scheitert.

Florian Klenk findet abgetrennten Pferdekopf in seinem Bett

Foto: Depositphotos / Montage

Eine schockierende Entdeckung machte heute Morgen Florian Klenk, Chefredakteur der Wochenzeitung *Falter*: Er wachte neben einem abgetrennten Pferdekopf in seinem Bett auf. Handelt es sich dabei um eine Drohung seiner Gegner?

Die Polizei rätselt, wie die Hintermänner in Klenks Haus eindringen konnten. Beamte der Einsatzgruppe gegen Straßenkriminalität (EGS) befanden sich zum Glück zufällig in der Nähe, um den Fall sofort zu übernehmen. „Wir konnten jedoch keine brauchbaren Spuren finden", räumt Chefermittler Wolfgang Preiszler mit Bedauern ein.

Kickl streitet ab

DiE**TAGESPRESSE** trifft FPÖ-Innenminister Herbert Kickl in einem Stall der berittenen Polizei, wo dieser mögliche Verdachtsmomente ungefragt von sich weist: „Ich habe mit dem Pferdekopf nichts zu tun. Ob meine Mitarbeiter privat in ihrer Freizeit Pferdeköpfe abhacken, kann und will ich weder kontrollieren noch vorschreiben", erzählt Kickl, während er ein blutiges Fleischermesser abwäscht.

„Außerdem: Ein Pferdekopf im Bett ist für mich das Gegenteil einer Drohung", sagt Kickl lächelnd. Zur Belohnung für die treuen Dienste reicht er einem unterwürfigen Gaul, der im Stall brav auf allen vieren hinter ihm herschleicht, ein Stück Zucker. „Brav, brav, friss das Zuckerl", lacht Kickl und streichelt sein Lieblingspferd namens „Richie Schmitty".

Martin Glier, der Pressesprecher von Heinz-Christian Strache, versucht hingegen, die Wogen zwischen den Medien und der FPÖ zu glätten, und zeigt sich in einem Tweet diplomatisch:

Kurz hält an Kickl fest

Bundeskanzler Sebastian Kurz jedenfalls steht weiter zu Kickl, schickt ihn aber zur internen Nachschulung „Message Control: Best Practice Cases von 1933 bis 1945". Wie lange die ÖVP noch an Kickl festhalten will? „Sehr lange", heißt es aus dem Umfeld von Kurz. „Sicherlich bis Ende 2019. Bis Kickl die FPÖ in den Umfragewerten auf 16 Prozent runtergebracht hat und wir dann Neuwahlen ausrufen können."

Verkehrsminister Hofer führt L7-Führerschein ein

Foto: Depositphotos

Früh übt sich, wer ein Raser werden will: Verkehrsminister Norbert Hofer plant die testweise Einführung des L7-Führerscheins in und um Wien. Sollte sich die Idee bewähren, steht eine Ausweitung auf ganz Österreich im Raum.

Wien – Autofahren schon ab sieben Jahren: Diese Maßnahme könnte laut Hofer vor allem Eltern entlasten, die ihre Kleinen dann nicht mehr selbst von der Mathe-Nachhilfe, dem Klavierunterricht oder der Wehrsportübung abholen müssen.

Verantwortung für Kinder kein Problem

Bedenken, dass die Kinder nicht mit dieser Verantwortung umgehen könnten, gibt es vonseiten der Regierung keine. „Wer alt genug ist, um ein Handy zu bedienen, der ist auch alt genug, um ein Handy am Steuer zu bedienen", erklärt Hofer. „Apropos, wo ist eigentlich gerade mein Handy?"

Angeboten wird der L7-Führerschein als Zwölf-Wochen-Paket „Norbert", als Acht-Wochen-Version „Herbert" und als zweiwöchiger Crashkurs „Jörg".

Kinder freuen sich

Die Reaktionen der Jüngsten sind positiv: „Ich find's super", freut sich der siebenjährige Jonas aus Tulln, während er seinen Porsche Cayenne durch den McDrive schlängelt. Die Verkehrsregeln kenne er ohnehin bereits von seinen Erfahrungen mit dem Computerspiel „GTA": „Im Ortsgebiet nie schneller als mit 50 über die Leute drüber. Daran halte ich mich natürlich", erklärt Jonas selbstbewusst und rammt den Ausgabeschalter, da die Pommes noch ein wenig brauchen.

Weitere Maßnahmen in Planung

Als besonderer Anreiz wird die Busspur für siebenjährige Lenker, Elektroautos (nur SUVs) und Kampfhunde auf E-Scootern freigegeben. Um Staus zu vermeiden, soll der öffentliche Verkehr schrittweise reduziert werden. „Wem das nicht passt, der kann sich gern einen Bus oder eine U-Bahn kaufen und damit fahren", so Hofer.

LEBEN   5. Oktober 2018

Mit diesen Serien wollen Netflix, Amazon und Co. Österreich erobern

Foto: Bawag/CC-BY-SA-4.0, Montage

Netflix, Amazon und Co. wollen sich in Österreich etablieren. Das funktioniert aber nur mit innovativen Eigenproduktionen mit Heimatfaktor. DiE TAGESPRESSE gibt Ihnen schon jetzt eine Übersicht über die kommenden Serien.

Scrubs: Krankenhaus Nord
Zur Behandlung von Patienten eignet sich das Krankenhaus Nord wegen gravierender Baumängel noch lange nicht. Dennoch beschäftigt das Spital bereits Ärzte. Obwohl niemand behandelt wird, müssen die Jungärzte J. D., Elliot und Turk 100 Stunden pro Woche sinnlose Brunnenpläne zeichnen. Der tyrannische Primarius Hofrat Dr. med. Univ.-Prof. Dipl.-Ing. Kelso spart auf dem Rücken der zukünftigen Patienten, um sich neue Energieringe um seinen Schreibtisch zu legen. Für Lacher sorgen der tollpatschige Anwalt Ted, der immer wieder versehentlich Millionenbeträge für Beratungsleistungen ohne Ausschreibung verrechnet, oder der schrullige Hausmeister, der einen primitiven Bauzaun um 826.000 Euro errichtet.

Better Call Manfred
Der abgehalfterte Anwalt Manfred Ainedter hält sich mit C-Promi-Mandanten mehr schlecht als recht über Wasser. Doch eines Tages erhält er einen Anruf von einem Ex-Minister, der alles verändert. Kann Manfred dank jahrelanger Prozessverschleppung auf Kosten seines dümmlich-naiven Mandanten seine Kanzlei über Wasser halten?

Futuramadan
In dieser witzigen Animationsserie erwacht der junge Wiener Identitäre Freiherr von Frey plötzlich in einer Zukunft, in der ganz Wien von Islamisten beherrscht wird: 117 Stockwerke hohe Kebabstände. Fliegende Moscheen. Erdoğans Kopf als Bürgermeister von Wien. Wird es dem tollpatschigen Freiherrn von Frey gelingen, den radikalen Islam mit einer Störaktion (sich selbst in die Hose pinkeln) zu stoppen, um endlich wieder ins Jahr 1939 zurückreisen zu können?

Breaking Baden bei Wien
Die reiche Badener Hofratswitwe Waltraud ist verzweifelt: Über Nacht wurden beim Meinl am Graben die Preise für Grundnahrungs-

mittel wie Evian-Mineralwasser und Wachteleier erhöht. Wie sollen ihre Kinder Hans-Peter (30, Immobilienverwalter) und Clara-Sophie (29, Nachhaltigkeits-Bloggerin) über die Runden kommen, wenn Waltraud irgendwann in der Luxus-Seniorenresidenz wohnt? Die gewiefte Millionärin hat eine Idee: Sie funktioniert ihre Jugendstil-Villa in ein Meth-Labor um ...

Turquoise Is the New Black

Der junge, skrupellose Emporkömmling Sebastian fällt seinem Parteifreund Reinhold „unabsichtlich" mit einem Messer in den Rücken und muss in eine Korrektionsanstalt für Jugendliche, das „Jugendverbesserungsprogramm" (JVP). Dort schart der charismatische Redner bald eine Armee von Gleichgesinnten um sich, die ihn mit sektenartigem Fanatismus verehren. Die Gruppe findet schnell ein gemeinsames Ziel: den Sozialstaat in Österreich zu zersetzen. Wird sie erfolgreich sein?

Emergency Rum

In der Notaufnahme eines steirischen Krankenhauses herrscht Hochbetrieb: Ein betrunkener Autofahrer muss nach seinem Unfall mit einem betrunkenen Reh notoperiert werden. Wird der betrunkene Portier ihn rechtzeitig zur Intensivstation bringen, damit die betrunkenen Ärzte sein Leben retten können? Schalten Sie ein, wenn es wieder heißt: „Schwester! Skalpell, Schere und ein Bacardi Cola!" Emergency Rum – atemberaubender Ärztepfusch am Limit.

Einfamilienhaus of Cards

Mit Intrigen und Machtspielchen versucht Familienpatriarch Klaus, die Herrschaft über seine Familie aufrechtzuerhalten. Doch dann findet Tochter Julia in ihrem Schulbuch das radikal-feministische Pamphlet „Europäische Menschenrechtskonvention", laut dem Frauen angeblich gleichviel wert sein sollen wie Männer. Julia wird durch das feministische Gedankengut radikalisiert. Gelingt es Klaus, die Emanzipationsbestrebungen zu unterdrücken, oder muss er seine Familie zu ihrem eigenen Schutz vor dem Fortschritt in den Keller sperren?

Sex and the Excalibur City

Vier versiffte Wiener Männer suchen zwischen Duty-Free-Shops und asiatischen Waffenhändlern unglamouröse sexuelle Abenteuer in der Schmuddel-Metropole „Excalibur City". Kann Kurtl die 70 Euro fürs China-Restaurant-Bordell zusammenkratzen? Hat Heinzi wirklich eine Affäre mit dem tollwütigen Dachs, der hinter der Tankstelle lebt? Und wie soll Charly seinem neunjährigen Tripper erklären, dass er nicht von seiner Frau, sondern von seiner Bürokollegin stammt? Höchste Unterhaltung auf tiefstem Niveau!

Rob's Burgers

Der notorische Nichtsnutz Robert Lugar versucht nach seiner kurios gescheiterten Polit-Karriere einen Neustart und eröffnet ein Burgerlokal in Wien-Neubau. Doch der Tagedieb bringt seine unberechenbare, jähzornige Seite nicht unter Kontrolle und scheitert wieder und wieder. Typisch Rob!

Rick & Mörtel

ATV kreuzt die Zeichentrickserie Rick and Morty mit der kultigen Reality-Soap Die Lugners: Das nihilistische Genie Rick Sanchez begibt sich gemeinsam mit dem nihilistischen Genie Richard „Mörtel" Lugner auf surrealistische Abenteuer. Mithilfe von Ricks Portal-Gun reisen die beiden in verschiedene Teile der Lugner City, in denen bizarre Aliens wie Ex-Schwiegersohn Helmut Werner ihr Unwesen treiben.

BoJack Policehorseman

BoJack, ein depressiver, verkokster ORF-Star der Neunziger, versucht sein Leben in den Griff zu bekommen und bewirbt sich bei der Polizei. Er freundet sich mit dem lebensbejahenden Drogenspürhund Mr. Peanutbutter und dem verdruffen, asexuellen Jungpolizisten Todd an. Der Alltag als Polizeipferd setzt BoJack zu: Die Sinnlosigkeit der Polizeiarbeit, seine extrem aggressiven Kollegen und sein neuer Chef Herbert, ein größenwahnsinniger Zwergpudel, stürzen ihn in eine existenzielle Krise.

Hat Banksy plagiiert? Künstlerkollektiv „SPÖ" schreddert sich schon seit Monaten selbst

Foto: Depositphotos

Die Schredderung eines Banksy-Kunstwerks in London sorgte am Wochenende für Furore. Doch der Jubel wird jetzt von massiven Vorwürfen gegen Banksy überschattet: Der britische Street-Art-Künstler soll die Aktion vom österreichischen Performance-Künstlerkollektiv „Sozialdemokratische Partei Österreichs" kopiert haben. Denn die Gruppierung befindet sich schon seit Monaten in einem Prozess der Selbstschredderung.

„Das ist einfach nur dreist", empört sich Zerstörungskünstler Michael Ludwig gegenüber der **TAGESPRESSE**, während er schädigende Interna ironisch an die *Kronen Zeitung* weiterleitet. „Wir schreddern schon seit Monaten pausenlos die Aufbauarbeit mehrerer Jahrzehnte, um ein Zeichen gegen Wahlsiege und Vernunft zu setzen. Herr Banksy hätte uns zumindest erwähnen müssen."

Obwohl die „SPÖ" dem britischen Künstler um Monate zuvorgekommen war, wird dem heimischen Kollektiv nicht im Ansatz dieselbe Aufmerksamkeit zuteil: Touristen, die den Wiener Ring entlangflanieren, wenden sich beim Anblick der tristen Löwelstraße mit Schaudern ab. Auch das Auktionshaus Sotheby's meldete bis dato kein Interesse an dem bizarren Werk an, das von Kunsthistorikern dem grenzdebilen Idiotismus zugeordnet wird.

„Wir sind unserer Zeit weit voraus", vermutet Christian Kern, der in der Vergangenheit sogar sein Kanzlerbüro nur mithilfe der Kraft seines Egos verschwinden ließ. „Erst, wenn wir schon lange Geschichte sind, also in circa drei Jahren, wird man unsere Genialität verstehen."

9. Oktober 2018

Nach Shitstorm: Strafrichter will Sigi-Maurer-Urteil nicht selbst gesprochen haben

Foto: HANS PUNZ / APA / picturedesk.com

Ein Shitstorm folgte auf den kontroversen Schuldspruch für Sigi Maurer wegen übler Nachrede. Jetzt kommt es jedoch zu einer dramatischen Wendung: Strafrichter Stefan Apostol streitet ab, das Urteil selbst verfasst und gesprochen zu haben. Geschah die mediale Vorverurteilung wieder einmal zu schnell?

„Ich war das nicht. Ganz ehrlich, das kann jeder gewesen sein", rechtfertigt sich Richter Stefan Apostol gegenüber der **TAGESPRESSE**. „Jeder kann sich auf meinen Richterstuhl setzen und irgendwelche Urteile sprechen. Ich glaube, es war der Systemadministrator vom Landesgericht. Ich distanziere mich davon!"

Zwar wurde das Urteil auf Apostols Computer verfasst. Um den Wahrheitsbeweis zu erbringen, dass der Spruch tatsächlich von ihm stammt, seien aber zumindest Zeugenaussagen, DNA-Nachweise, Stuhlproben und Videoaufzeichnungen nötig.

Sigi Maurer hätte der „journalistischen Sorgfaltspflicht" nachkommen und vor Veröffentlichung des Urteils eine schriftliche Bestätigung inklusive notariell beglaubigter Unterschrift vom Richter einholen müssen, wonach er der Urheber sei.

„Das wahre Opfer"

„Ich bin hier medial das wahre Opfer in der Causa Maurer", so Apostol. Er will das nicht auf sich sitzen lassen und Sigi Maurer nun wegen übler Nachrede verklagen: „Es kann nicht sein, dass diese Serientäterin jetzt auch das Image eines zweiten Mannes besudelt."

Doch dies dürfte juristisch schwierig werden: Laut ihrer Anwältin streitet Sigi Maurer ab, überhaupt im Gerichtssaal gewesen zu sein. Rechtsexperten rechnen daher mit einem Freispruch.

Strache verspricht: „Gehe in Karenz, wenn Philippa 900.000 Unterschriften sammelt"

Foto: Michael Gruber / EXPA / picturedesk.com

So sieht Unterstützung aus! In einem rührenden Statement hat Heinz-Christian Strache seiner Ehefrau Philippa versprochen, sie nach der Geburt ihres Babys zu unterstützen. Damit der FPÖ-Chef die Einwilligung zur Väterkarenz gibt, muss seine Frau lediglich 900.000 Unterschriften sammeln.

„Ich bekenne mich ohne Wenn und Aber zum Prinzip der Aufgabenteilung im Haushalt", so Strache. „Und deshalb gebe ich meiner Frau auch die Gelegenheit, ihre Forderung nach mehr Unterstützung bei der Erziehung durch eine demokratische Volksbefragung zu untermauern."

Schon 2017 hatte Philippa ihren Ehemann aufgefordert, den Müll runterzubringen. Doch mit den 881.569 eingereichten Unterschriften von Nachbarn und Freunden verfehlte sie das erforderliche Mindestziel um 18.431, erinnert sich Frau Strache mit Bedauern zurück: „Ich musste mich hier dem Bürgerwillen beugen."

Umfaller?

Kritik, er würde direkte Demokratie insgeheim missachten, lässt Heinz-Christian Strache nicht gelten: „Ich nehme die Anliegen der *Kronen Zeitung* sehr ernst. So bald wie möglich gibt es eine Volksabstimmung über die GIS-Gebührenerhöhung für nichtrauchende Frauen."

Sollte Philippa die 900.000 Unterschriften erreichen, sieht ihr Gatte in einem Punkt dennoch keinen Spielraum: Er lehnt ab, während seiner Karenz rauchfrei zu leben: „Wenn sich das Baby nicht integrieren will in unserem Haushalt, kann es sich gern einen anderen aussuchen."

11. Oktober 2018

10-jähriger Todestag: ÖSTERREICH bringt Exklusiv-Interview mit Jörg Haider

Foto: YouTube/ce24.tv, Dieter Zirnig (sugarmelon.ccm), Montage

Der Todestag von Jörg Haider jährt sich zum zehnten Mal. Aus diesem Anlass bringt die Tageszeitung ÖSTERREICH

heute ein exklusives Jubiläums-Interview mit dem polarisierenden Landeshauptmann, um den es in den letzten Jahren ruhig geworden ist. Als Medienpartner veröffentlicht DiETAGESPRESSE das Interview vorab.

Wolfgang Fellner: Herr Dr. Haider, danke, dass Sie für uns Ihr Schweigen brechen. Sie sind die vergangenen Jahre auf Tauchstation gewesen. Kritiker behaupten, Sie seien seit zehn Jahren im politischen Jenseits. Böse Zungen erklärten Sie gar für tot.

Jörg Haider (lacht): Herr Fellner, glauben Sie nicht alles, was diese Ostküsten-Schmierfinke schreiben. Wer, denken Sie, vergibt die Jörg-Haider-Medaille? Und wenn 2008 wirklich die Sonne vom Himmel gefallen ist, wieso haben wir dann einen Rekordsommer nach dem nächsten?

Fellner: Da ist was Wahres dran. Ich würde ja sogar sagen, einen außerirdischen Terror-Afghanen-Sommer nach dem nächsten.

(Haider lacht und gießt sich aus Fellners Wasserflasche noch einen Wellness-Wodka ein.)

Fellner: Wie beurteilen Sie die Arbeit der aktuellen Regierung?

Haider (denkt nach): Das mit der Afrika-Invasion ist durchaus visionär. Und Norbert Hofer macht seine Sache gut. Ich war ja schon vor zehn Jahren für Tempo 142.

Fellner: Sehen Sie auch Anlass zur Sorge?

Haider: Allerdings. Ich und meine Buberlnschafter, wir waren ja relativ rechts. Aber was heute abgeht, das ist nicht mehr normal. Unsere faschistische Kleptokratie droht in einen kleptokratischen Faschismus abzurutschen.

Fellner: Wie kam es damals eigentlich zum Bruch mit Strache?

Haider: Die ideologischen Unterschiede waren am Ende dann doch zu groß. Er war für Eristoff, ich für Absolut.

Fellner: Haben Sie noch Kontakt zu politischen Weggefährten?

Haider: Manchmal skype ich noch mit Muammar al-Gaddafi und Saddam Hussein. Leider hat Hussein oft schlechten Empfang in seinem Erdloch, ich habe ihn länger nicht mehr erreicht.

Fellner: Wie beurteilen Sie als Kenner den derzeitigen Politik-Journalismus?

Haider: Danke für diese Frage.

(Fellner lacht unterwürfig. Haider tätschelt Fellners Kopf, Fellner beginnt zu schnurren.)

Haider: Die mediale Mystifizierung meiner Person funktioniert nach wie vor perfekt. Der jüdisch-kommunistische ORF wird endlich umgefärbt. Und lobenswert finde ich auch diesen Ferdinand Weghitler, oder wie er heißt, auf *ServusTV*.

Fellner: Und wie finden Sie die ÖSTERREICH?

Haider: ÖSTERREICH ist eine journalistische Missgeburt.

Fellner (schreit): Nehmen S' des zruck!

Haider: Das Einzige, was ein Dr. Jörg Haider zurücknimmt, sind zweisprachige Ortstafeln.

Fellner (schreit): Wast wos, i sorg dafür, dass du ab morgen politisch tot bist!

Haider (lächelt süffisant): Wie kann jemand, der Fellner heißt, so ein dünnes Fell haben?

Fellner (schreit, wirft den Tisch um, zieht einen Vignettenschaber aus dem Sakko): I drah di ham!

(Das Interview wird abgebrochen.)

FINANZEN   13. Oktober 2018

Datenschutz: Post muss Namen und Adressen auf Briefen schwärzen

Foto: W. Streitfelder / Österreichische Post AG

Sicher ist sicher! Frei sichtbare Namen und Adressen auf Briefen gehören der Vergangenheit an: Die Post beginnt, alle persönlichen Daten auf Sendungen zu schwärzen. Dies sei der einzige Weg, um den Schutz der Kundendaten im Einklang mit gesetzlichen Richtlinien zu gewährleisten.

Wien – 5 Uhr früh: Im Postverteilerzentrum Wien schwärzen Hunderte Briefträger vor der Zustellung alle persönlichen Daten auf Kuverts und Paketen mit einem Edding. Wenige Stunden später landen die Sendungen wieder in der Rücksendehalle, weil sie wegen nicht lesbarer Zustelladressen zurück an den Absender müssen.

DIE**TAGESPRESSE**

„Bei uns hat Datenschutz oberste Priorität, trotz der operativen Hürden", erklärt ein Pressesprecher der Post stolz. Er rät Kunden, am besten gar keine persönlichen Daten auf Briefe zu schreiben, mit denen eine Identifikation von Absender oder Empfänger theoretisch möglich wäre. Wer überhaupt auf Nummer sicher gehen will, sollte seine Briefe vor dem Wurf in den Briefkasten schreddern.

Problemfall Ansichtskarten

Dies betrifft klarerweise auch Ansichtskarten, wo nicht nur die Anschrift, sondern sogar der Inhalt der Nachricht unverschlüsselt zugänglich ist – ein juristisch heikles Problem, das Einfallsreichtum verlangt. Ein Rechtsexperte zeigt uns eine Case Study für eine datenschutzrechtlich unbedenkliche Ansichtskarte:

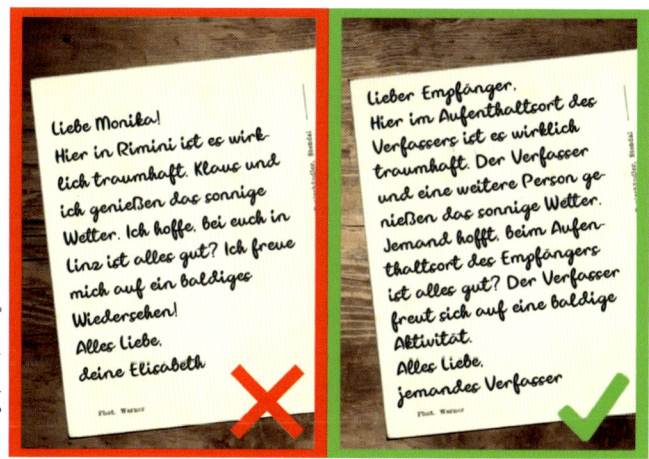

Foto: Tagespresse, Montage

Kommission sieht Startschwierigkeiten

„Natürlich erfordert die DSGVO speziell am Anfang eine gewisse Umgewöhnung", gesteht ein Pressesprecher der EU-Kommission ein. „Aber die EU hört nicht weg und führt ständig Umfragen unter Bürgern durch, um Meinungen zu ihren Gesetzen einzuholen." Das Ergebnis dieser Umfragen kann aus Datenschutzgründen leider nicht bekannt gegeben werden.

„Ich verspreche es": Hofer will 2022 erneut Bundespräsidentenwahl anfechten

Foto: BMVIT / Thomas Jantzen

Starke Ansage! Verkehrsminister Norbert Hofer versprach am Sonntag, die Bundespräsidentenwahl 2022 erneut anzufechten. Die Vorbereitungen laufen auf Hochtouren.

„Ich stehe zu meinem Wort: 2022 bin ich wieder bereit, die Bundespräsidentenwahl zu verlieren und, wie es sich für einen FPÖ-Politiker gehört, die Niederlage natürlich nicht zu akzeptieren", verkündet FPÖ-Minister Hofer seine Entscheidung auf ORF 2 im FPÖ-Lifestylemagazin „Europa backstage". Hofer wird für den Beitrag von 30 Kameras dabei gefilmt, wie er gemütlich auf seinem Rasentraktor mit 140 km/h durch das Ortsgebiet von Pinkafeld rast.

Hofer bereitet sich vor

Die Anfechtung der Wahl hat sich FPÖ-Anwalt Dieter Böhmdorfer bereits fertig ausgedacht. Hinter den Kulissen bereitet die FPÖ auch schon den Wahlkampf vor. Hofer will diesmal jedoch nicht dieselben Fehler begehen und auf Gott vertrauen. Seine Wahlkampagne steht unter dem Motto „So wahr mir die *Kronen Zeitung* helfe".

„Ich werde die Wähler mit langem Atem überzeugen. Das klappt besonders gut, wenn man keinen Lungenkrebs hat", so Hofer lächelnd.

Chancen stehen gut

Doch wird es überhaupt zu einer Anfechtung kommen? Politologe Peter Filzmaier bezweifelt das: „Wenn die Gerüchte stimmen und Doris Bures für die SPÖ ins Rennen geht, dann empfehle ich Herrn Hofer, sich bereits Büromöbel für die Hofburg auszusuchen." Aber auch Amtsinhaber Alexander Van der Bellen liebäugelt mit einer zweiten Kandidatur. Er will sich spätestens 2023 endgültig festlegen.

Saudi-Arabien gesteht: „Khashoggi tragischerweise während seiner Ermordung gestorben"

Foto: Tagespresse, Montage

Nach den Vorwürfen rund um das Verschwinden von Jamal Khashoggi macht Saudi-Arabien reinen Tisch: Demnach ist der Journalist tragischerweise während seiner Ermordung unerwartet zu Tode gekommen. Kronprinz Mohammed bin Salman kündigte eine umfassende Untersuchung an, um zu klären, wie die staatlich angeordnete Ermordung des Journalisten ein so tragisches Ende nehmen konnte.

Riad – „Wir wollten ihn einfach nur foltern, erschießen, zerstückeln und in Säure auflösen. Dabei hat Herr Khashoggi leider Verletzungen erlitten, die schlussendlich zum Tod führten", so Mohammed bin Salman. „Wir werden alles tun, um dieses grausame, unmenschliche Verbrechen aufzuklären. Ich werde den Schuldigen persönlich zur Rechenschaft ziehen und foltern, erschießen, zerstückeln und in Säure auflösen."

Entrüstung

Aus aller Welt kommt harsche Kritik, auch aus Österreich. Bundeskanzler Sebastian Kurz ist entsetzt: „In einer Demokratie werden
Journalisten nicht ermordet, sondern mit Inseraten gekauft oder
öffentlich eingeschüchtert."

Innenminister Kickl hingegen will nicht voreilig urteilen: „Man
kann den arabischen Raum nicht mit Österreich vergleichen. Eine
gefestigte Demokratie, wie wir es hierzulande haben, hält sicher die
eine oder andere Zerstückelung eines Journalisten aus."

Konsequenzen

Frankreich, Deutschland und Großbritannien wollen den Vorfall bei
der Preisverhandlung für die nächsten Waffendeals „in aller Deut-
lichkeit" zur Sprache bringen. Auch Österreich will zwar weiterhin
humane Waffen an Saudi-Arabien verkaufen. Allerdings zeigt sich
die WKO pikiert darüber, dass bei Khashoggis Ermordung keine
hochwertigen österreichischen Splittergranaten eingesetzt wurden.

Offizielle Preisliste: Was Sie zur Polizei nicht sagen sollten

Foto: Holding Graz/Wikipedia

Die 100-Euro-Strafe für einen Wiener, der vor einem Polizisten „Oida" sagte, sorgt für Verängstigung in der Bevölkerung. Was geht, was ist tabu im Umgang mit der Staatsgewalt? Die Polizei veröffentlicht jetzt eine hilfreiche Preisliste. Wer diese Begriffe nicht in den Mund nimmt, ist auf der sicheren Seite.

„Oida" – 100 EUR
Polizeisprecher: „Wir lassen uns sicher nicht unfreundlich beschimpfen von irgendwelchen depperten Trottln und Tschuschn."

„Du Rassist!" – 500 EUR
Polizeisprecher: „Man duzt einen Polizisten nicht!"

„Sozi" – 1000 EUR
Polizeisprecher: „Einem Polizisten eine linke Gesinnung zu unterstellen, das ist unterste Schublade."

„Wendy-Abonnent" – 350 EUR
Polizeisprecher: „Üble Nachrede. Ein Polizist muss *Wendy* nicht abonnieren. Sie liegt kostenlos auf jeder Dienststelle neben *Krone*, *Wochenblick* und *Zur Zeit* auf."

„Aua, nehmen Sie Ihren FPÖ-Kugelschreiber aus meinem Auge!" – 80 EUR
Polizeisprecher: „Woher will der Delinquent wissen, dass es sich um einen FPÖ-Kugelschreiber handelt, wenn sein Auge gerade verletzt ist? Da ist wohl wer am linken Auge blind."

„Lassen Sie mich bitte los" – 50 EUR
Polizeisprecher: „Eine klare Aufforderung zur Fluchthilfe. Da schrillen bei uns alle Alarmglocks."

„Eierschädl" – gratis
Polizeisprecher: „Die Verwendung dieses Ausdrucks ist weiterhin gratis. Leider gab es hier 2008 einen OGH-Spruch. Der Kopf eines klagenden Polizeibeamten aus Kärnten wurde vermessen, die Kopfform glich einem Freilandei, Größe M, haargenau."

„Ich will einen Anwalt" – 20 Stockschläge und 1500 EUR oder zwei Monate Ersatzfreiheitsstrafe

Polizeisprecher: „Ehrenbeleidigung. Eine besonders unsensible Kränkung für jeden Polizisten. Der Verdächtige suggeriert: Ich vertraue dir nicht, ich glaube, ich habe Rechte."

„Ich krieg' keine Luft" – 2000 Euro

Polizeisprecher: „Laut Paragraf 269 StGB haben wir hier Widerstand gegen die Staatsgewalt. Ein Verdächtiger bekommt genug Luft, solange er sich noch beschweren kann. Ein Warnsignal dafür, dass noch zu wenige Beamte auf dem Rücken knien."

„Geben Sie mir Ihre Dienstnummer" – 300 EUR

Polizeisprecher: „Hier ist Gefahr im Verzug. Dies ist eine Aufforderung zur Verletzung der Datenschutzverordnung."

Inhalt

Die besten Tagespresse-Meldungen – Band 4

Was Sie über das Jahr 2017 wissen müssen.

Das Jahr 2017 steckte voller Überraschungen. Erinnern Sie sich an die Panne bei der Oscar-Verleihung? Die Jury hatte österreichische Kuverts verwendet. Oder daran, dass Wladimir Putin alle Kandidaten der österreichischen Nationalratswahl für gleich schlimm befand und beschloss, die Wahl nicht zu manipulieren? Auch die Tatsache, dass Google „versehentlich" Europa aus Google Maps löschte, hatte Auswirkungen.

Um das Jahr 2017 verstehen zu können, ist diese Zusammenfassung ein Muss. Die Redaktion der **TAGESPRESSE** hat die besten Artikel in diesem Jahresrückblick gesammelt. Ob Internationales oder Nationales, ob Chronik oder Wirtschaft – diese Berichte dürfen Sie nicht versäumen. Ausgewählte Leserstimmen runden die Beiträge ab.

224 Seiten
Mit zahlreichen Abbildungen
ISBN: 9 783 7017 3430 6

RESIDENZ VERLAG